JN069875

列島縦断&本土四極踏破
63歳からの歩き旅

自宅と繋がるGPS
4000㎞の軌跡

松木　崇

清風堂書店

はじめに

「何でこんなことをしているのだろう」、沈みかけた紅い夕陽に向かってふっと呟く。惰性で足を運ぶ私の脇をダンプが唸りを立てて通り過ぎる。疾風に飛ばされまいと、慌てて帽子を押さえた（「頭状花」40号）。これは旧職場有志が年1回発行している同人誌に、私が初めての徒歩の旅の紀行を投稿した時の書き出しである。

私は山を歩いていたが、最初に平地を歩くことに関心を持ったのは40歳頃冒険家の故植村直己氏の講演を聞いた時である。氏は〝南極大陸2000㎞横断〟を目指し、その距離感を掴むため日本列島を稚内から鹿児島へ徒歩で縦断したと語っていた。それ以後、植村氏のように宗谷岬～鹿児島間を徒歩で縦断する人々がいることを知った。

その数年後私の故郷の北海道北見市に帰省中、地元紙で60代の男性が北見から野宿を重ね歩き四国巡礼をした記事を目にした。その時昔の人が主に徒歩で日本の各地を歩いていたことを思い、江戸時代の武士の参勤交代、庶民のお伊勢参りなど当時の人々が遠くの旅に出ることをどのように思っていたかと気になった。また時代小説には一日に何十里も風の如く駆ける忍者が登場する。人は一日にどのくらい歩くことができるのだろうかと興味を持った。しかし当時教員であった私は余暇のほとんどを学生時代から始めた登山と趣味のアマチュア無線に費やし、それ以上平地歩きに携わることなく過ごしてきた。２００５年高校教諭を退職して2年半が経過、２００７年には私は63歳になっていた。その頃専門学校で週2日の非常勤講師をしていたが、時間に幾分かのゆとりが出ていた。

この年の11月初めに白内障の手術を受け、医者から激しい運動を暫く控えるようにと言われた。当時卓球の女子選手が東京から歩いて仙台を目指すＢＳの番組があり、その放送を視て登山を控える期間に平地を歩いてみようと思い立った。彼女の旅は月曜日から金曜日まで一日に10㎞から20㎞前後を歩く。週末には東京に帰り、翌週初めに前週の到達点に戻りそこからその週の旅を再開する。彼女の仙台到着が放送された翌日、私は彼女とは逆に南に向けて歩き、県南部の柴田町まで28㎞の日帰りの旅をした。その時は取り敢えず歩こうという気持ちで、その後徒歩の旅を継続することになるとは思ってもいなかった。

登山、旅行の際に常にＧＰＳを持参していたが、徒歩の旅でもそれを携行した。歩いた距離、時間、軌跡、歩行速度の記録を取り、帰宅後それをコンピューター処理した。プリントアウトされた徒歩の軌跡が延びていくのが嬉しく、その軌跡を少しでも先に延ばそうと以後登山の合間に徒歩の旅を重ねた。

徒歩で行きたい地が浮かぶとそこへ向け何回かに分けて歩き、徒歩の軌跡を延ばしていく。歩き始めはこの〝行きたい地〟は必ずしも〝目的地〟ではなく、できれば到達したい〝**希望の地**〟とでも言うものであった。しかしその地が近づくと常にそこに到達したいと思うようになり、その地を〝**目的地**〟に定め強い思いで歩いていた。この最後まで歩き切りたい気持ちは、登山時に頂上を目指す思いと同じであったと思う。そのことについては第3章の付記で少し詳しく述べてみたい。
希望の地に到達し一つの旅が終わると、充実感と共に次の希望の地が現れる。旅の記録を整理し終えると、その希望の地に思いを馳せ次の歩みを始めた。

東京への旅が終わる頃、仙台から北へと歩き出し青森に到達した。その後希望の地が東海道の京都、本州西端下関、九州南端鹿児島と次々と現れ、徒歩の旅を継続した。最後の北海道はオホーツク海網走～函館間を故郷北見を通るルートで歩いた。徒歩の軌跡に一歩も空白を作らないことに強い拘りを持って歩き（徒歩の拘りの項でその例を記述）、網走～鹿児島港間の徒歩の軌跡が津軽海峡を除いて繋がった。

植村氏や多くの人は稚内～鹿児島間を日本海側を通るルートで歩いていた。私はそれらの記録を追うことをせず、北海道は網走から故郷の北見、本州は自宅のある仙台を通過する経路で太平洋側を歩いた。それ故私はこの旅を「**私なりの日本列島縦断徒歩の旅**」と名付け、これを第1部に記載した。

徒歩の旅のルート選定は目的地までが最短、一日に30～40㎞前後の範囲で宿泊地があるコースを考えた。一日の歩く範囲に宿泊地がない場合、その日の到達点と宿泊先を交通機関を使い往復する。翌朝前日の到達点に戻り、徒歩の軌跡を繋ぎ先へと進む。交通機関は主に鉄道、時にはバスも使った。列車、バスダイヤの運行本数減少、廃駅、廃線の影響でやむをえずタクシーも利用したことがある。北海道では妹夫妻と家族から車で送り迎えのサポートを受けた。列車時刻表を睨み計画を作成したことで、私の旅は鉄道沿線を軸に幹線の国道を歩くルートが多くなった。

平地を歩く私の旅はテントを持たず、主に道路沿いの旅館、ホテルなどに宿泊した。食糧、飲料水はコンビニなどでその都度買い求めることができる。登山と異なりテント、シュラフ、何日分かの食糧を背負うこともない。道路標識があり道迷い、天候などの問題も登山ほどの危険はなく、交通事故にさえ気をつければ命の危険は少ない。日常生活の延長と登山とは異なり、気楽に徒歩の旅を始めた。

網走〜鹿児島間を歩いた時期は体力に自信があり、一日に歩く距離は40㎞を目安にした。50㎞を超えても乗り切れると考え、多少の無理を覚悟した計画もあった。旅の出発前は計画を作ることが楽しく、旅に出ると自分の足で歩く充実感、距離が延びる喜び、各地を訪れる楽しみが旅の苦労を上回った。旅が終了した後はGPSの記録を整理し、その旅で出会った人々との交流を記憶に刻み込んでいった。

私は60代になり冬の山から足が遠のいていた。そのため徒歩の旅の初めの頃は主に秋から春の間に歩いていた。2010年からは海外一人旅を始め、その合間を縫う徒歩の旅は間隔が間遠になる。2011年に東日本大震災があり、「私なりの日本列島縦断徒歩の旅」が完結したのは2016年と9年の歳月が経過していた。徒歩の旅が一段落したこの年、私は南米ボリビアの山で念願の6000mの頂きを踏み、72歳で人生の最高点に立った。体力に自信を持ち、以後国内登山、海外5000m台の高所登山に取り組み徒歩の旅からは遠ざかる。2019年までヒマラヤ、中米、ヨーロッパアルプスと年2、3回の海外登山をしていたが、この間2018年に下北半島、2019年には北海道・当麻から北に2度の旅で士別市まで平地を歩いた。この3つの旅では2016年までに比べ体力低下が著しく、体調不良に一抹の不安を持った。それでも国内の登山、海外での登山、旅行では体力のことがそれほど気にならず、徒歩の旅を本格的に行う気持ちを持たずに過ごしていた。

２０２０年にコロナウイルス感染が世界中に蔓延し、海外旅行、登山の見通しが立たなくなった。国内でも旅行自粛の雰囲気になり、移動も儘ならない。私はコロナウイルス感染拡大前の2月、鹿児島市～鹿屋市間を久し振りに歩いた。さらに感染拡大の第二波が去り旅行解禁のムードが出た10月北海道・士別～筬島（音威子府）、12月に鹿屋市から佐多岬へと歩き、本格的に徒歩の旅を再開した。翌２０２１年はコロナ感染拡大の合間を縫い、筬島から宗谷岬間を6月、7月と二度の旅で歩き佐多岬からの軌跡と繋いだ。

こうして「宗谷岬～当麻～函館……津軽海峡……下北半島（大間港～野辺地）～下関～門司～鹿児島市～佐多岬」の新たな軌跡ができあがった。私はこれを多くの人と同様に「**日本列島南北縦断徒歩の旅**」と呼ぶことにした。

日本本土の東西南北の最端、納沙布岬、神崎鼻、佐多岬、宗谷岬を「**日本本土四極**」と言う。南北縦断を終え、私の徒歩の旅の最終目的は〝**日本本土四極全てを自宅から徒歩で繋ぐこと**〟になった。日本列島南北縦断の旅は自宅を通過していて、佐多岬、宗谷岬の南北の二極は既に自宅と徒歩で繋がっている。残りの二極は神崎鼻と、納沙布岬である。長崎県・神崎鼻は、２０２１年12月に九州縦断中通過した久留米市から佐賀、佐世保へと向かい、北海道納沙布岬へは同年9月網走市から中標津、翌年5月中標津から根室半島へと歩き四極全てに到達した。

２０１８年からの新たな日本列島南北縦断の旅に繋がる下北半島、鹿児島市～佐多岬、当麻～宗谷岬のそれぞれの旅に、この本土四極の久留米市〜神崎鼻、網走市〜納沙布岬の旅を加えた5つの旅を**プラスアルファ（＋α）の旅**として第2部に掲載した。

63歳から73歳までの第1部の旅は、元気に任せて一日に40〜50㎞歩いた日がある。75歳以降の第2部のプラスαの旅は、体調不安を抱え一日20㎞を歩くのが辛い日もあった。またプラスαの旅はコロナ禍で時期が制限され、体力の低下もあり無闇に旅の回数を重ねることができなかった。第1部の旅とは異なりそれぞれの到達点を明確にゴールと設定し、強い意志で歩き切ることが求められた。

徒歩の旅を続けている間に日本では東日本大震災が起き、世界的には新型コロナウイルスが蔓延、従来の思考、生活様式の変更を迫られている。その闘いはコロナとの共存を模索しつつ現在も続いている（2022年9月現在）。この状況下でそれぞれの旅を続けることには葛藤があった。だが旅を続けて得られたことも多くある。この紀行文ではそれら心に残る出来事にも触れ、体力面の異なった二つの旅の様子を記述した。

記録をとっていたことが旅を15年間継続させたと思っている。記録を取り、それを残すことは私の場合継続の力になった。だがそれだけでは記録を活かし切っていない。それまで取った記録をまとめ、整理して初めて記録が価値のあるものになる。私は次に述べる取材を受けそのことに気がついた。

第1部の旅が終了した時北海道新聞社から取材を受け、第2部の宗谷岬に達し南北縦断が完成した時にも同社の別の記者から2度目の取材があった。その時記者から旅の動機と記録について問われた。旅ごとの記録は取っていたが、旅全体の記録としてまとめておらず、記録について的確に答えられなかった。先に述べたように成り行きで歩き始めた旅の動機もきちんと述べることができなかった。旅への思いは回を重ねるごとに変化していた。この変化につれて動機も変わっていたように思う。行動の背景には多少にかかわらず動機がある。その動機の強弱が行動、結果に影響を与える。記者の質問から、徒歩の旅に興味を持つ人は当然その動機に関心を持つだろうと思った。旅の様子を文章に残そうと本書を書き出したが、旅の動機をきちんと書き加えようと試みた。だが変化していく動機を的確に表すことは難しかった。「計画に当たって」を多くの章に設け、その旅への思いを述べた。その時々の旅への思いから、動機の変化を感じ取って頂けると幸いである。旅で考えたこと、そのまとめは最後の項の「徒歩の旅を終えて」で述べようと思う。


註　紀行文中の日付の下の※印は、GPSデータによるその日の行動記録で、移動距離、行動時間、平均徒歩時速の順で記した。

移動距離は**距離**、行動時間は**時間**、平均徒歩時速は**時速**とそれぞれ略記した。

距離、時間は大部分は四捨五入した数字を記載、GPSで測定した10m単位のより正確な測定値は巻末資料の一覧表に掲載した。

時間はその日の歩き出しから行動終了までの休憩を含む一日の行動時間である。

時速は休憩を含まない、移動中の時速の平均値である。

目次

はじめに …… 3
徒歩の旅装備・持ち物 …… 18
第1部　私なりの日本列島縦断の旅　網走〜鹿児島間の記録 …… 23
第1章　仙台〜東京へ　テクテク酷道の旅 …… 24
①自宅〜柴田町・船岡駅　徒歩の旅を始める　25
②船岡駅〜本宮駅　徒歩の軌跡は宮城県から福島県に入る　26
③本宮駅〜白河駅　4ヶ月ぶりに徒歩の旅を再開　28
④白河駅〜氏家駅　東北から関東圏に入る　29
⑤氏家駅〜野木駅　関東を実感し東京に近づく　32
⑥野木駅〜日本橋　継続は力、東京にゴールする　34

◆東京までの旅を終えて　35
◆交流のあった印象に残る人々　36
◆旅の記録　37
◆国道を歩いて感じたこと　37
付記1　体と気持ち　アコンカグア出発時の体験　38

第2章　仙台〜青森　自宅から北へ車で通い馴れた道を歩く……41

①仙台〜古川駅　大崎市へ日帰り　42
②古川駅〜一ノ関駅（日帰り）　岩手県に入る　43
③一ノ関駅〜花巻駅　義経伝説から賢治が愛した種山高原を見て歩く　44
④花巻駅〜いわて沼宮内駅　ついに盛岡を越える　46
⑤いわて沼宮内駅〜陸奥市川駅　東日本大震災後、東北最難関部を抜ける　48
◆東日本大震災について　48
⑥陸奥市川駅〜青森駅　本州の終着青森駅到達、青森〜東京間が繋がる　50
◆仙台〜青森を歩き終えて　53

第3章　東京から東海道を京都へ、大阪、神戸まで足を延ばす……55
◆計画に当たって　56
①五反田〜芦ノ湖　箱根駅伝のコースを歩く　57
②芦ノ湖〜焼津　自動車専用道路でパトカーに護衛される　60
③焼津〜豊橋　東海道の核心部、大井川、天竜川を越え浜名湖へ　63
④船町駅〜亀山　濃尾平野を歩き尾張から鈴鹿に向かう　65
⑤亀山〜京都、大阪、神戸、鈴鹿峠を越え水口宿に泊まり東海道を歩き終える　68
◆東海道を歩き終えて思う　72
付記2　芳野満彦氏とのふれあい　登山は頂上、平地で端を目指す私の旅　73

第4章　神戸から西日本を歩く　山陽路を下関、さらに九州・水城駅へ歩く……77
◆計画に当たって　78
①広島への10日間　神戸から岡山、尾道を経て広島へ山陽道を歩く　79
◆大野浦から下関、＋博多への8日間　86
②大野浦駅〜水城駅　本州西端下関、さらに関門トンネルを経て九州へ　87
◆下関と門司　94
◆中国地方を歩いて　95

第5章　水城駅から鹿児島港　有明海沿いを歩き最後に桜島の噴煙を見る……97
九州縦断・鹿児島港への9日間の旅　98
◆九州を歩いて　107
第6章　故郷北海道を歩く　函館から網走を繋ぐ旅4年間の記録……110
◆計画に当たって　111
①北見〜美幌　112
②あいの里〜札幌駅　113
◆＋α太平駅東西口間を横断　114
③美幌〜網走　114
④北見〜留辺蘂駅　116
⑤函館〜長万部　北海道の玄関口函館から道南の旅に出る　117
⑥長万部〜札幌駅　長大な内浦湾を靭帯の痛みに耐えて歩き札幌に辿り着く　120
⑦札幌〜旭川　国道12号を北海道の中央・旭川へ、石狩川を6回渡る　126
⑧旭川〜留辺蘂　道央から道東へ、念願の北見峠を越え網走から函館を繋ぐ　130
◆北海道を歩いて　134
◆継ぎ足しの旅を重ね網走〜鹿児島間が繋がる　135

第2部　日本列島南北縦断徒歩の旅　日本本土四極を目指すプラスαの旅 …… 137

徒歩の旅プラスαについて …… 138

第1章　本州最北端大間崎へ（下北半島の旅）　プラスα① …… 140

①野辺地駅～陸奥横浜手前、大湊～近川駅　体調不良で途中リタイア　141

②前回断念の陸奥横浜手前～横浜の先北塚名平を妻のサポートを受け歩く　143

③塚名平～近川駅、大湊～大間崎　冬の到来直前、本州最北端の大間崎に到達　144

◆トロンパス状態　146

◆津軽海峡ルートを大間港～津軽海峡フェリー函館ターミナル～五稜郭に変更　147

第2章　本土最南端佐多岬へ（大隅半島）　プラスα② …… 149

◆計画に当たって　150

①鹿児島港から鹿屋市へ　錦江湾沿いに桜島を越える　151

②鹿屋・高須から佐多岬へ　コロナ、体力を気にかけつつ本土最南端に達す　157

第3章　最北端宗谷岬へ　南北縦断完成を目指し道北を歩く　プラスα③ …… 165

◆計画に当たって　166

①当麻～北比布　稚内を頭に浮かべ、試しに北へと歩く　167
②北比布～士別　再び北見からの帰途を利用して軌跡を延ばす　168
③士別～筬島　稚内までの中間に達する　170
④筬島～幌延　最難関区間を突破　173
⑤幌延～宗谷岬　最北端到達・縦断完成　176

第４章　最西端神崎鼻へ　久留米から歩く6日間の旅　プラスα④　……　183

◆計画に当たって　184

第５章　最東端納沙布岬へ　網走から根室半島へ　プラスα⑤　……　195

◆計画に当たって　196
①網走～中標津　家族のサポートを受け根北峠を越える　197
②中標津～納沙布岬　最東端を目指して徒歩の旅の締め括りをする　206

徒歩の旅の拘り　……　214

日本列島縦断、本土四極への徒歩の旅を終えて思うこと……215
1 体調、故障 215／2 国道・舗装道路を歩いて 218
3 ネット情報の利用 220／4 雑感 221

終わりに……223

資料編……238
■GPSによる徒歩の記録 237
■GPSの記録（GARMIN 60CSx） 231
■徒歩の旅GPS旅毎記録一覧 230
日本本土四極 最端 出発・訪問・到達 証明書 227

日本本土四極
踏破の軌跡
宗谷岬
納沙布岬
仙台
神崎鼻
佐多岬

登山用30Lザック、折り畳みサブザック、※トレラン用軽ザック
※は最終回のみ使用

水筒（1L、スポーツドリンク）※トレールウォーターパック（1・5L）

服装・ザック 登山用上下（カッターシャツ、ズボン、下着、靴下）＊季節による変化なし

雨具 登山用ゴアテックス上・下 折りたたみ傘

帽子・野球帽他

ヘッドランプ 登山用（単4電池3本 ＊予備電池）

GPS ガーミン社製（単3電池2本 ＊予備電池）

トレッキングポール

防寒用・ダウンジャケット

靴 ウォーキングシューズ、インソール

蛍光タスキ、反射材 タスキの他、靴、帽子、ザックに貼りつけ

地図 分県地図、カシミールでプリントアウトした徒歩予定コースの地図その都度10枚前後

記録用手帳、筆記具

医薬品 常用薬、傷バンド、湿布薬、鎮痛塗り薬、健康保険証

日用品 歯磨きセット、タオル、ティッシュ

着替え 2～3組、洗濯用洗剤

携帯電話（第1部前半）後半からスマホ・充電器

徒歩の旅の基本装備

登山用ザックに装備、食糧を詰めて移動。ザックには安全対策として、蛍光反射材をホッチキスでとめ前後に貼る。

なお横には町内会支給の老人用反射材、北海道では熊対策鈴をザックに括りつけた。

（ザックの頭の所のはザックカバー）

早朝、夕方の安全対策の蛍光物質は、靴の踵、帽子にも貼る。帽子の右側のタスキも蛍光物質・反射材である。

下部は2本の折り畳み式トレッキングポール、ザックに入るように、最短、軽量のドイツ製を使用した。

靴は専門店で購入、足形に合わせたインソールが入っている。

靴の右は上下別々のゴアテックス雨具。

1Lの水筒（靴左）、ヘッドランプ、

ポールの先はポール用手袋。

下に敷いてあるのは非常用保護シート。

GPS

◆GPS機器　米国ガーミン社製60CSx　※この機種は現在製造中止になっている

◇現在地の測定（緯度・経度、写真2）

◇地図画面に現在地、軌跡表示

◇行動記録（移動距離、行動時間、停止時間、瞬間最高時速、移動平均時速、全体時速、標高（写真3）

◇コンパス機能　◇ナビ機能　他

（写真2）

仙台市太白区

自宅駐車場の位置（GPS起動時の立ち上がり画面）

・北緯　38度14分52・01秒

・東経140度51分50・17秒

＊測定誤差は　±7m

条件が良いと　±5mになる。

電波を受信した人工衛星が白抜き数字、電波の強さがグラフの高さで表されている

（写真3）

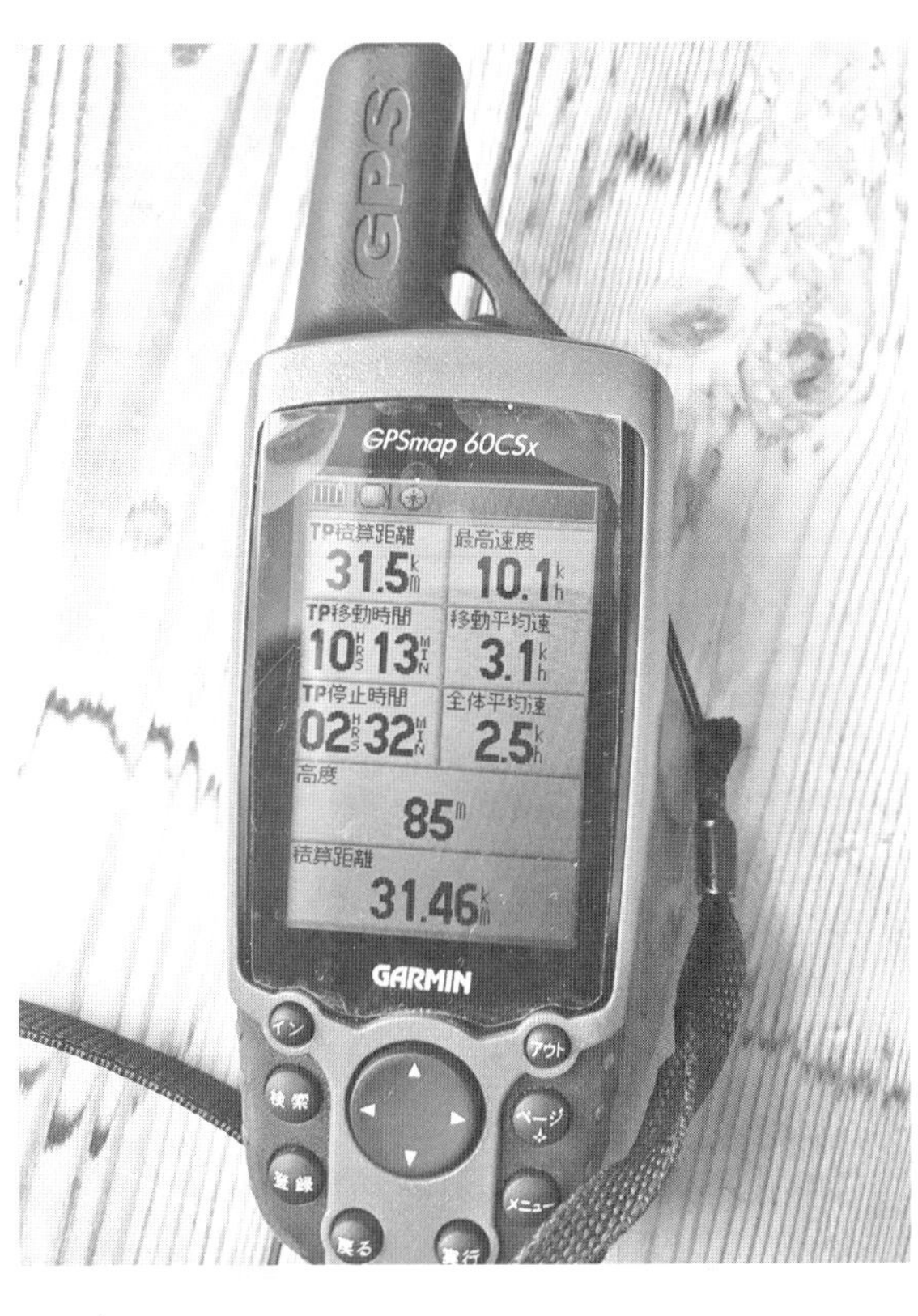

行動画面の一例

・移動した時間（10時間13分）
・行動停止時間（2時間32分）
・最下段　移動距離（31.46km）
・最上段左端　100m単位の移動距離（31・5km　100m単位に四捨五入）
・右端上最高時速（10・1km）
・右端中段　移動中平均時速（3・1km）
・右端下段　全体平均時速（2・5km）
・下から2段目測定地点の標高（85m）

＊この数字は神崎鼻～佐世保を歩いた時のもの。この画面を撮影したのは帰宅後の自宅なので、85mは自宅の標高。

ＧＰＳの位置データをコンピュータ処理し、地図上に軌跡を表示

ＧＰＳで測定した位置、歩いた距離、速度等の数値データは、１秒毎（時間は私の設定）にＧＰＳ内蔵メモリとメモリカードに保存されている。それをカシミール（ソフト名）でダウンロードした地図上

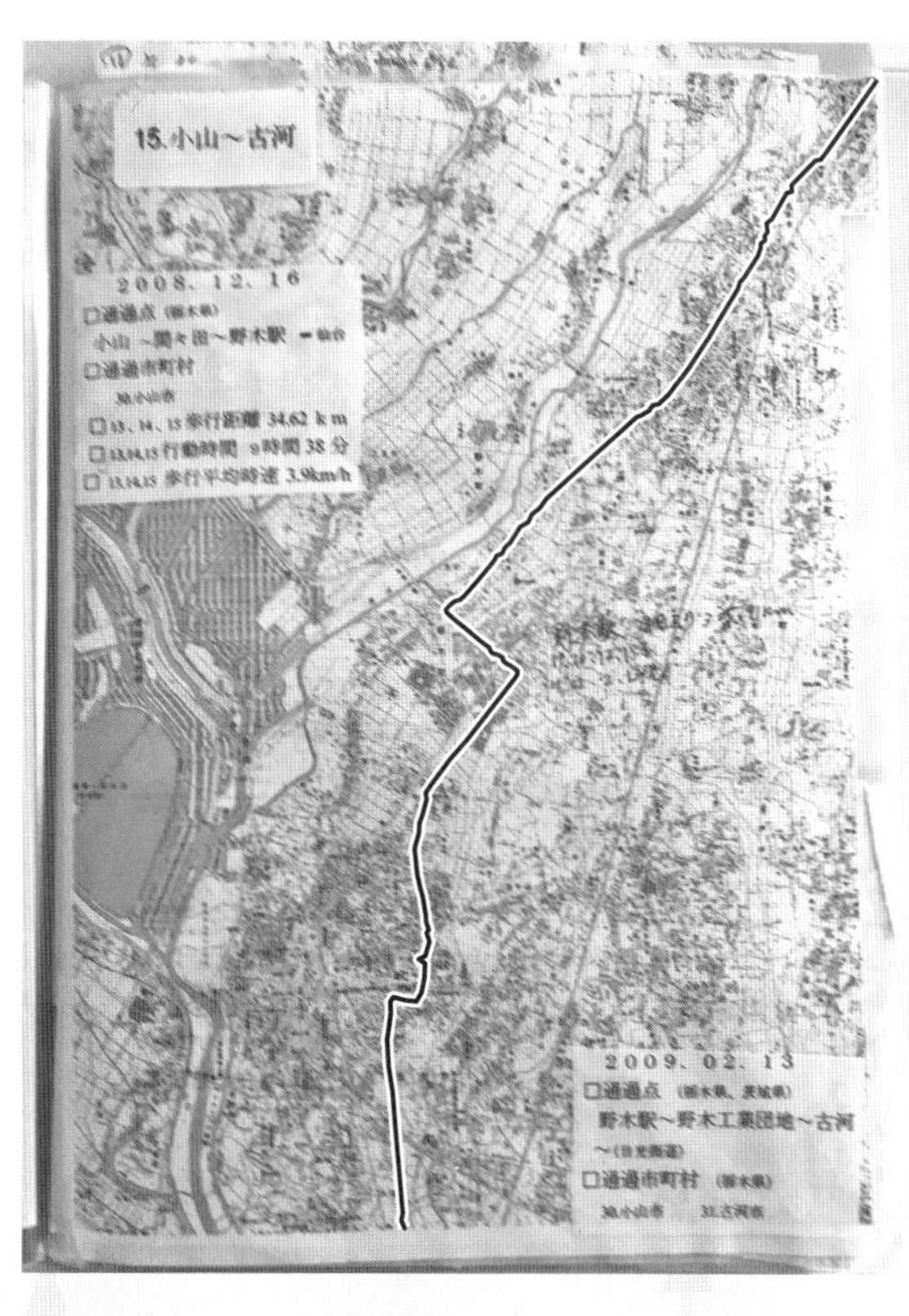

に刻々の位置を赤い点（色は私の設定）としてプロットする。２万５０００分の１の地図では１秒毎の位置（点）は連続した赤い線となる。これが歩いた軌跡で、この地図を適当な縮尺にしてＡ４判にプリントアウトし、記録として保存した。

上の写真は仙台～東京の旅の最後の出発点、野木駅中心の地図である。

野木駅に達する日、野木駅から出発した日の軌跡と、通過地点のデータ（年月日と通過した県、市町村名）に通過順にナンバーをふり、ラベルに書き込みファイル帳に保存した。

私の徒歩の旅の軌跡は、ファイル帳（Ａ４、40枚）11冊に及ぶ。

第1部

私なりの日本列島縦断の旅

網走～鹿児島間の記録

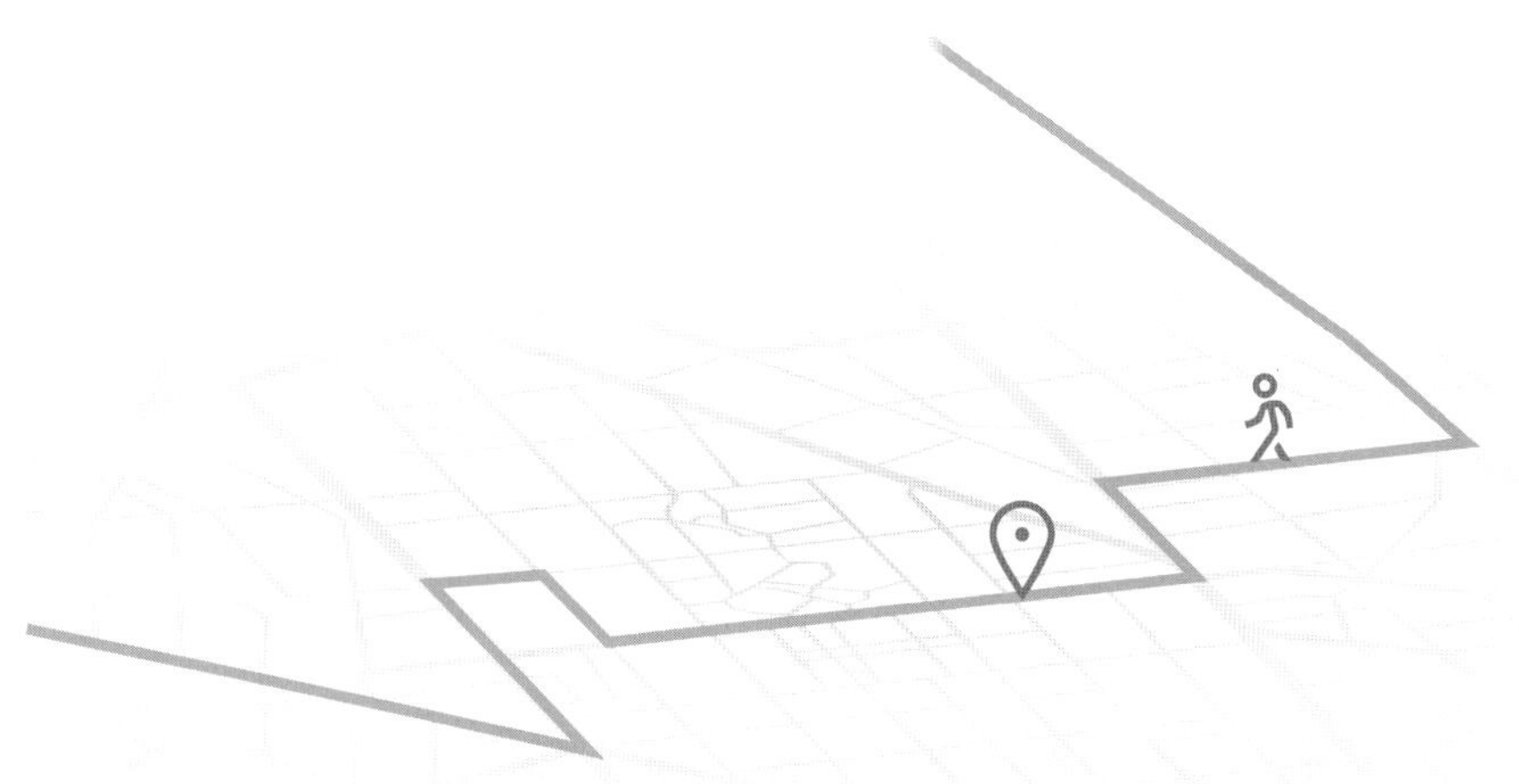

第1章

仙台〜東京へ　テクテク酷道の旅

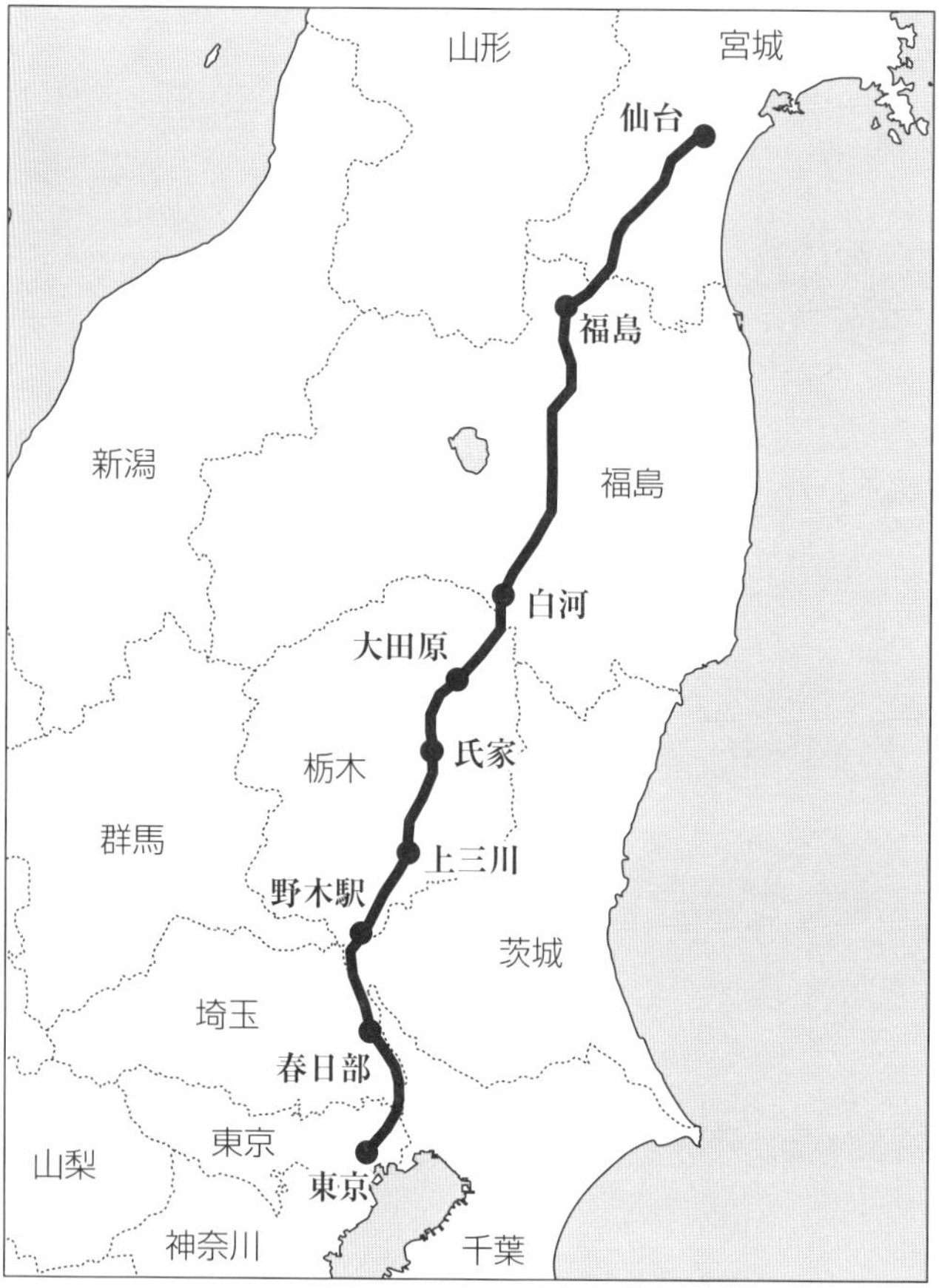

仙台〜東京徒歩の軌跡

2007年

仙台〜船岡駅	28km
船岡駅〜本宮駅	89km

2008年

本宮駅〜白河駅	53km
白河駅〜氏家駅	67km
氏家駅〜野木駅	66km

2009年

野木駅〜日本橋	71km

徒歩総距離	374km
徒歩総時間	93時間
徒歩日数	11日
宿泊数	5泊
通過県	1都5県
通過市町村	38

2007年

自宅〜柴田町・船岡駅　徒歩の旅を始める

11月23日　※距離28㎞、時間6時間半、時速4・3㎞

祝日の午前10時、カッターシャツに登山ズボンの服装で登山用サブザックを背負い南に向けて自宅を出発した。ザックの中には飲み物、雨具、GPSの他は20万の地図だけで、平地歩きは例え道に迷っても遭難はないと気軽な気持ちであった。歩くことは日常生活の延長と、靴もズック靴を履き殊更ウォーキングを意識した用意はしなかった。

伊達藩の侍が参勤交代で行き来した江戸（東京）が頭の片隅にあり、4号線を南下した。だが東京まで歩くという気持ちはなく、その時は以後15年に亘る日本列島歩きの始まりになるとは夢想だにしなかった。

国道4号線の館腰駅付近の東京日本橋までの距離表示（338㎞）

登山で使用していたGPSは、画面地図上に現在地、歩いた軌跡が表示され、画面を切り替え移動距離、移動中の平均時速を知ることもできる。データをGPSに内蔵されたメモリに保存し、コンピュータ処理で記録に残す（徒歩の旅の持ち物の項で詳述）。

この日は館腰駅、槻木の街中と二度休憩した。出発が遅く目指した白石到着を断念、柴田町・船岡駅で行動を打ち切る。歩いた距離が30㎞に満たずやや不完全燃焼だが、手応え（足応えと言うべきか？）は充分であった。

船岡駅～本宮駅　徒歩の軌跡は宮城県から福島県に入る

12月14日、船岡駅～福島駅　※距離54㎞、時間10時間半、時速5・1㎞

日帰りで船岡まで歩いた3週間後、その続きとして2日間で郡山まで歩く計画を立てた。8時過ぎに船岡駅に降り立ち、通学の高校生と行き交い船岡の街を抜けた。何度も車で通過した国道4号線に出、大河原を過ぎる。蔵王の山々を正面に眺め、白石バイパスの半ばを過ぎて昼食。その後盆地の中の長い道を歩き越河（こすごう）の駅を過ぎる。やがて道は緩やかな上り坂になり、坂を越えると貝田駅がある。駅の手前には県境が走っていて、県境に沿い線路を潜る通路がある。私はこの通路を福島との県境歩きで通ったことがある。貝田駅を過ぎると道は長い下りになり、左手に霊山（りょうぜん）を眺めこの道を時速6㎞で快調に飛ばした。だが夕日が霊山に当たり桑折（こおり）を過ぎた伊達で踵に靴擦れが生じた。さらに福島市内に入ると足裏が痛み出し、その痛みに耐えての歩行となった。信夫山の麓から福島駅間はペースが落ち〝駅までは！〟と時間をかけて歩く。午後7時を過ぎて福島駅前のビジネスホテルに着いた。その時は辛うじて立っている状態であった。体の調子が良く、駆け足に近い歩行を長時間続け、汗で濡れた靴下が緩めの靴の中で前後に動いた。その結果靴擦れ、足裏の皮の剥がれが齎されたと思う。トイレと寝ている部屋の床は段差があり、寝室の床に足を下ろすとその度に激痛が走った。夜中何度かトイレに行ったが、その痛みは朝方まで続いた。翌日の行動を半ば諦める。

12月15日、福島駅~本宮駅 ※距離35㎞、時間8時間半、時速4・1㎞

起床してベッドから足を恐る恐る床に下ろすと、痛みが嘘のように薄らいでいた。2時間前の最後のトイレまで激痛があり、最後に痛みが薄らぎ奇跡が起こったと思った。この日は歩けるだけ歩いてみようと、出発の準備に取り掛かった。

この後も徒歩の旅中に体の不調、足の故障が起き、翌日の歩行を懸念し就寝したが翌朝起床すると直前までの不調が回復した経験を何度かした。登山でも同様、風邪で発熱し鼻水が出る状態で就寝、翌朝は出発できる程度に回復し山に入る。登山している間に汗と共に熱が出ていき（下がり）登山を終えたことがある。これらの体験から私は〝歩きたい、山に登りたい気持を強く持つ〟と体がそのように整えられるのか？と半信半疑、病は気からか？との気持ちを持っている。福島の朝の体験と同様に、私が奇跡（？）と感じ不思議に思っていることがある。南米アコンカグア山遠征（私は登頂できず）出発時のことで、章末に付記として記述した。

痛みは和らいだが、靴擦れ、足裏の皮の剥がれを悪化させないように抑え気味に歩いた。しかし徒歩の旅を気軽に考えた代償は大きく、この後は前日の船岡~桑折間を超える歩きをすることがほとんどできなくなった。高校時代の化学の教師がよく言っていた「**それ相当の報いがいくぞ**」の戒めが脳裏を横切る。

足の故障を悪化させないようにと意識し、負担を掛けない歩きを心掛けた。その結果歩行速度が落ち、安達太良（あだたら）の南端・和尚山が後方になった時は本宮バイパスで日が暮れかけていた。郡山到達は到底無理と本宮駅から引き返すことにした。バイパスは大きく膨らみ街の中心部の駅からはかなり離れている。痛めた足で暗くなった中、駅への道標を探し歩く。道を尋ねるにも人と行き会わない。気持ちに焦りに近いものが出始めた時、畦から男性が上がってきた。その男性に道を尋ねると、「分かりにくいから」と駅までの約15分一緒に歩いてくれた。本宮の駅周辺はシャッター街の様相でひっそりとしていた。私と同年配の男性はかつての賑わい、街の催しを懐かしみながらも寂しげに語っていた。駅ではホームに入り、仙台に帰る私を見送ってくれた。長靴を履き反対側のホームで手を振る朴訥な姿が遠ざかる。体は疲れていたがこの旅の最後に暖かい心に触れ、その余韻に包まれて仙台に帰り着いた。

2008年

③ 本宮駅～白河駅　4ヶ月ぶりに徒歩の旅を再開

4月12日、本宮駅～須賀川　※距離26㎞、時間6時間、時速4・5㎞

年を越し春が訪れた4月、昨年末目指した郡山のさらに先の白河までを歩こうと思った。前回到達した本宮駅から歩き始め日和田駅へと進み、その先で東北本線を越え4号線に合流した。やがて磐越西線が西に、磐越東線が東にと東西に分かれる所を通過、その先で郡山市内に入った。郡山市は経済分野で福島県第1位の大きな市である。駅での昼食後長い市内を抜ける。西に山仲間と歩いた安積山〜御霊櫃峠、一人で登った高塚山、東に蓬田岳など阿武隈の山々を眺めながら郡山盆地を歩いた。須賀川に入り、国道脇のファミリーロッジに宿泊した。仙台から来て歩き出しが遅く26㎞だけの歩行であった。私は寝具を持参せず、着の身着のままで就寝した。

4月13日、須賀川〜白河駅　※距離27㎞、時間7時間、時速4・1㎞

仙台に帰るためこの日も歩行時間は短かった。鏡石町、矢吹町、泉崎村を通過、かつて登った富士見山の裾を回り白河駅に到達した。距離は短かったが2日間とも足の痛みは出なかった。

白河駅〜氏家駅　東北から関東圏に入る

11月2日、白河駅〜大田原市　※距離41㎞、時間10時間半、時速3・9㎞

徒歩の旅を始めて約1年が経過しようとしていた。前回の旅から半年後、私は白河駅から4回目の旅に出た。

関東から東北地方へ入ることを〝白河の関を越える〟という。私は逆に東北から関東へと白河の関を越え関東に入る旅に出た。白河の関跡は県道76号沿いにあり、私の選んだ国道294号はその西を通っている。国道294号は白河から宇都宮へ向かう最短ルートで、かつて奥州街道、明治以降は陸羽街道と言われた歴史ある街道で千葉県柏市に至っている。

栃木県との県境が間近の白坂で〝明神神社〟という名前の神社脇を通過した。それから県境を挟み僅か5分の距離に同じ名前の明神神社が現れた。それまでの私の徒歩の旅は名所、旧跡に立ち寄る余裕がなく、ひたすら歩いていた。同じ名前の神社が近くにあることが珍しく、栃木側の神社に寄ってみた。案内板にはその神社は算術の神様を祀っていると書いてある。算術の神様の御利益があるかは分からないが、旅の無事を祈りこの日の宿泊予定地・大田原温泉に向かった。途中で294号を左に見て旧陸羽街道を大田原へと進む。秋の日は釣瓶落としという。大田原温泉に着いた午後5時過ぎには日が暮れかけていた。泊まるこ

二つの堺の明神、二所の関について

白河駅から大田原市に向かった時、福島県と栃木県の県境を挟んで同じ名前の明神神社が近くにあり興味を持ったと書いた。徒歩の旅を終えた後「白河の関跡」に行く機会があり、私はそこにいたボランティアのガイドにこの二つの明神神社のことを尋ねた。彼から聞いた話は次の通りであった。

この二つの神社は通称「堺の明神」と言われている。二つの神社にはそれぞれ玉津島明神（女神）、住吉明神（男神）が祀られている。女神は内（国）を守り、男神は外（外敵）を防ぐという。白河から見ると陸奥側には国を守る玉津島明神、下野側（栃木県）は外敵を防ぐ住吉明神が祀られている。下野側からは栃木県の神社は玉津島明神、白河側が住吉明神と逆になる。またガイド氏は「二所の関」の名前は白河の関と堺の明神の二つから出た説と、堺の明神の二つのことをいう二説があると話していた。私はネットで大相撲の二所の関部屋の歴史を調べ、この地にゆかりのある

とはできるだろうと楽観していたが、土曜日とあってどの旅館でも宿泊を断られた。暗い道を気を取り直して大田原市内へと向かった。市内に入り宿を求めて街中を歩き回る。午後8時頃交番を見つけ宿を尋ねた。対応した女性警察官が無言で指さす窓の上方を見て私はずっこけた。窓から見た隣のビルの屋上にはホテルのネオンが灯っていた。現在はスマホで情報を得ることができる。当時の私の携帯はガラ携で情報収集に苦労した。この旅以後出発前の宿泊予約を心掛けるようにした。

11月3日、大田原市~氏家駅

※距離26㎞、時間8時間、時速3・2㎞

ベッドで寝ることができた幸せを噛みしめて起床、大田原から宇都宮方面へと歩を進めた。昨日は山々に挟まれた道が多く、遠くを見通せなかった。この日の大田原からの461号線は平野を歩

人から二所の関の名跡が出たとあるのを見た。

これらの話を聞き私は白河の関から車で15分ほどの境の明神に向かった。14年ぶりに訪れた白河側の神社は記憶よりも古めかしく、栃木側は思っていた以上に新しい感じがした。栃木側の神社の道路を挟んだ向かいの雑草地、そこに徒歩の旅の時に気付かなかった二所の関の碑があるのを見出した。

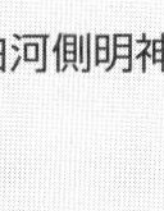

白河側明神

栃木側の明神

く。遠くを眺めるとすでに那須連山は後方に去り、東北本線（上野～黒磯間の愛称は宇都宮線）が間近に迫っていた。東北本線手前で4号線に合流し矢板に至る。矢板からさらに線路沿いに4号線をさくら市へと歩く。さくら市の氏家駅に到達したところで、仙台に帰る時間を考えこの日の行動を打ち切った。

退職して時間だけは充分ある身。東京到達の期限は決めず、〝必ずやり遂げなければ〟という義務感、悲壮感もなく空いた時間を利用して歩いた。心の底に〝いつかは東京に〟と思ってはいたが、都合の良い時に歩きその軌跡、距離が延びることを楽しみにしていた。4回目の旅で関東圏の栃木県に入り、仙台からの距離は240㎞、東京までは約130㎞余になった。残りが仙台～東京間の3分の1、できるだけから必ず東京にの気持ちが強くなった。その気持ちが次の旅をこの1ヶ月半後、そして最後の6回目はその2ヶ月後と旅の間隔を今までより縮めた。

5 氏家駅～野木駅　関東を実感し東京に近づく

12月15日、氏家駅～上三川　※距離31㎞、時間7時間、時速4・7㎞

氏家駅から東北本線沿いに宝積寺、岡本を経て宇都宮へと歩いた。宇都宮市では大きな中心部を避け、東側に回り込むルートを進んだ。宇都宮辺りから道路に日光街道の表示が目につき、街道脇には一里塚を見掛けるようになる。一里塚に導かれて歩くと、ほぼ4㎞毎に次の一里塚が現れその正確さに感心する。この日は31㎞歩き、ＪＲ線から離れた上三川のビジネスホテルに宿泊した。このホテルにチェックイン時、「車で来たのか？」と問われ、「氏家から歩いてきた」と答えた。40代の男性フロント氏は、歩いてきたことに興味を持ち色々と尋ねてきた。話が弾み彼と1時間ほど徒歩や登山の話をして部屋に入った。

12月16日、上三川～野木駅　※距離35㎞、時間9時間半、時速3・9㎞

チェックアウト時、「昨晩家に帰りウォーキングのビデオを見てきた、すごい人（？）に会った」とフロント氏が言い、「気をつけて」と送り出された。私は自分の話を聞いた人が〝好き勝手で歩いている〟と思っているだろうと考えていた。そんな私の話が人によってはこんなにも影響を与えるのかと驚いた。でも一方で少しは理解してもらえたかと嬉しくなった。ここからこの日は自治医大駅へ進み、ＪＲ線に沿い日光街道を進んだ。両毛線、水戸線が交わり新幹線が止まる小山駅へと歩きそこで昼食にした。小山を出てすぐに昔の名残のある間々田宿が現れ、街道はその中を突っ切り野木へと続いていた。野木は古河手前で仙台へ帰る汽車時間、次回のコースを考えると最も都合の良い位置にある。今回は野木駅を終着点に定めた。

2009年

野木駅〜日本橋　継続は力、東京にゴールする

2月13日、野木〜春日部　※距離34㎞、時間9時間、時速4・4㎞

東京への最後の6回目の旅、これで終わり！と弾む気持ちで野木駅から歩き始める。ＪＲ線大宮経由でなく、古河から栗橋、幸手、杉戸を経て春日部への4号線を進む。翌日春日部から越谷、草加と通過、足立区で東京都。上野から日本橋へというコースである。

茨城県・古河から埼玉県・杉戸町へは利根川を渡る。利根川には６４１ｍの新しい利根川橋が架かっている。この橋を自動車専用道路のように、ダンプをはじめ多くの車が我が物顔に唸りを立てて疾駆していた。歩行者用の路側帯は充分確保されてなく極めて危険であった。近くに迂回する橋が見当たらず、歩行禁止でもないようなので意を決しこの橋を渡る。ダンプの唸り、風圧は危険を通り越し恐怖ですらあった。一刻も早く渡り終えようと帽子を押さえ、脇目もふらずに歩いた。対岸は埼玉県久喜市栗橋で、渡り終えた時安心感と同時に脱力感が生じた。東京近辺の人口密集地域、昔の地名は残っているが込み入った行政区域と新しい地名は頭に入らない。幸手、杉戸と過ぎ宿泊地春日部に入る。暗い中宿泊旅館を探す。いつものように場所が分からず、余分に歩いてしまう。ＧＰＳの地図画面に、春日部中心部を赤い線（徒歩の軌跡）が螺旋状の渦を巻いて表示されていた。

2月14日、春日部〜日本橋　※距離37㎞、時間10時間半、時速4・0㎞

東京に到着が実現する日である。春日部から、越谷、草加と進むと足立区に入り東京都。荒川の千住新橋、隅田川に架かる千住大橋と2つの橋を続けて渡る。上野駅浅草口側を通り過ぎ、薄暗くなった午後6時前にゴールの日本橋の碑を見た。トータル373・68㎞歩き、歩行時間の合計は93時間14分であった。無事に終えた安堵感、一つのことを終えた解放感が嬉しさと共に込み上げてきた。この2年と2ヶ月〝できれば仙台から東京までを歩く〟ことを頭の片隅に置いていた。それ故時間がある時、それをすぐに実行に移し徒歩の旅を継続した。東京到達の希望は必ず実現しなければならない目的ではなかった。だがその積み重ねが希望を目的に代え、東京のゴールに繋がった。無事に旅を終えてみると、思っていたほど大変なことではなかったようにも思う。**〝人間って結構歩くものだ！　諦めなければ希望が実現できるのだなあ〟**というのがこの旅を終えての感想である。

◆東京までの旅を終えて

東京までの旅に、蔵王、吾妻、安達太良、阿武隈、那須、高原山、日光連山と今までに登った山々がお供をしてくれた。遠くに見えた山が近づき、その裾野に沿って進むに従い山は姿を変えていく。その姿を眺めながらその山の記憶を蘇らせる。列車や車で通り過ぎると瞬く間だが、徒歩では長時間の付き合いとなる。その姿が遠ざかる頃には、「だいぶ歩いてきた」と感謝の気持ちが湧いてくる。また車で通過したのではコンビニ、工場など個性のない風景が通り過ぎるが、町中を徒歩で歩くと古い街並みや寺社・仏閣などが昔の風情を残し佇む風景に出会うことがある。徒歩の旅には困難や苦しさも伴うがこのような良さもある。

◆交流のあった印象に残る人々

山では登山者同士の交流が間々ある。車が王様の国道、シャッター街と化した多くの地方都市、過疎化の進んだ農山村部の道では外を歩いている人は少ない。時々健康のために散歩している老人と出会い、挨拶を交わしたりはする。だが会話をすることは稀であった。数少ない人との出会いの中で印象に残った人がいる。本文中で紹介した本宮駅まで送ってくれた60代の男性、上三川ホテルのフロント氏である。それに本文では触れなかったが、徒歩の旅終了後に上野で同宿した人がいる。その彼との出会いをここに追記する。

日本橋到着後中央区築地の病院に勤務している娘と、病院近くで会食し祝杯（私も娘も下戸であるが）をあげた。食事後に娘と別れ翌朝仙台に帰るのに都合の良い上野に引き返し、時間が遅くても泊まれる上野駅近くのカプセルホテルに入った。

カプセルホテルで風呂に入ろうと着替えをしていた時、私の足許の蚕棚から顔を出した男性が話しかけてきた。彼が顔を出した目の前に私の剥き出しの踵があり、その踵に真っ赤な穴があいていた。「どうしたのか？」と聞かれ、私が仙台から歩いて旅をして来たこと、今朝春日部を出たことなどを話した。彼は歩いて来たことに驚き、自分のことも話し出した。岩手県水沢（現奥州市）の人間で昨日は春日部に泊まり、この日親戚の葬儀を終え明日水沢に帰る。家族はホテルに泊まったが、自分は明朝早いのでここにしたとのこと。奇しくも同じ日、同じ春日部から来て同宿した偶然性、隣の県の人間同士ということで互いに親近感が湧いてきた。水沢で冬は除雪の仕事をしているが、最近は雪が少ないと話していた。近くにいた人が、「自分も宮城県の人間だ」と私達の話に加わった。お互い縁があったと話が盛り上がっていると、「**うるさい！**」と近くの蚕棚から叱声が飛んできた。水沢氏には翌朝の出発まで、顔を合わせる度に興味を持って話しかけられた。出発の別れの際「**名残が惜しい、またどこかで会いましょう**」と私に向け声をかけてくれ、少々感傷的な別れとなった。

◆旅の記録

ＧＰＳで記録したデータをコンピュータで処理した。この旅の仙台〜東京間の軌跡はＡ４用紙にプリントアウトし、40枚ファイル帳に保存している。

※「徒歩の旅装備・持ち物」のＧＰＳの項で、野木駅到着前後の軌跡の写真を掲載、その他小田原〜芦ノ湖の軌跡等本書に数枚の軌跡写真を掲載している。

ＧＰＳの機能については〝徒歩の旅の持ち物、ＧＰＳの項〟でも詳述している。

◆国道を歩いて感じたこと

国道について問題点を感じ、国道を酷道と呼ぶ気持ちになった。しかしその後プラスαの旅まで日本の道路を４０００㎞歩き、道路について様々なことを思った。これらについては、全ての旅を終えた後編で改めて述べることにする。

付記-1

体と気持ち　アコンカグア出発時の体験

本文の福島のところで朝起きると、それまでの足の痛みが奇跡的に軽くなっている体験を書いた。この後徒歩の旅の初期に同様なことを数回経験し、登山でも同じ体験をした。

私は１９８９年、45歳の時南米アンデス山脈のアコンカグア山（６９６０・８ｍ）遠征隊に参加した。隊長は１９８３年に無酸素でエベレストに登頂した遠藤晴行氏、隊員は私を含め男性３名、女性２名で総勢６名であった。この隊の参加条件は12月に入って出発までの３週間、名古屋で土・日の計６日間の減圧タンクでの高所順応トレーニングを受けることである。私は９月末雪のチラつく中トムラウシ山に登り下山後に風邪をこじらせ、10月、11月と咳が抜けないでいた。12月１日から始まるトレーニングまで咳が止まらなければ参加を取り止めるしかないと思っていた。ところが11月30日に奇跡的に咳がピタリと止まり、計６回のトレーニングを受けることができた。アルゼンチンへと旅立ち順調にＢＣ（ベースキャンプ、４２３０ｍ）に入った。その翌日Ｃ１（５２００ｍ）を設営し、ＢＣに戻る途中に咳がぶり返した。ベテランの女性２人（１人は私より５歳上で後にエベレスト女性登頂者の世界最高齢記録を２度更進したＷさん、もう１人は私と同年齢で既にマッキンリー（デナリ）登頂の経歴を持つＳさん）に挟まれ、自分のペースを越え薄い空気の中を無理して駆け下りた。その結果、直りきっていなかった肺がパンクしたのだろう。翌朝パッキングをしC１へ向けて足を踏み出したが、一歩毎に30秒程呼吸を整えねばならない状況で、自力で歩くことができなかった。結局肺水腫という高山病で登頂はできず、C１で意識がなくなりBCに担ぎ下ろされたH氏（後にI県労山隊の隊長としてチョモランマに登頂）と共に一足先に下山（私は歩くことができずラマに乗り）、メンドーサで登頂隊の下山を待った。

BCから登山口のプエンテ・デル・インカの国境警備隊に無線で私の診察が依頼され、メンドーサに戻る前に若い兵士の構える銃口に囲まれ軍医の診察を受けた。その時国境警備隊で雑音混じりの無線を聞き、命を救われた無線に感謝と興味・憧れの気持ちを持った。帰国後アマチュア無線の資格を取り、海外無線（DX）にのめり込んだ。２００余のカントリーの局と交信したが、その中にメンドーサの局も含まれている。

BCで就寝中に初めて酸素を吸った。気持ちが良く、梅の花が咲くのどかな風景の東北地方にいる夢を見た。あれは夢だったたか、別の世界への入口だったのか？

登頂に拘っていた私の挫折感は大きかった。だが今考えると、咳の症状は完治していなかったのだろう。BCへの下りで咳が出ず頂上に向かっていたら、どこかで発病し取り返しのつかないことになったかも知れない。当時の私の力量、状態に応じ、神様がストップをかけ救ってくれたのか？　それにしても高所トレ開始前日に奇跡的に咳がピタッと止まったこと、福島市朝のようなことが徒歩の旅で度々起こったことなどで不思議な気持ちになっている。

文中でも書いたが、山に登りたい、歩きたいと強い気持ちを持つと体をコントロールする力が出るのか？　私は精神論、根性論に与しないが〝病は気から〟の諺を半ば信じている。

「人間の体には朝ホルモンなど、活動に向け整える働きがあるのだろう」と友人・医学博士（第3章の西宮T氏）の科学的言葉ではあるが……。

第2章

仙台〜青森
自宅から北へ車で通い馴れた道を歩く

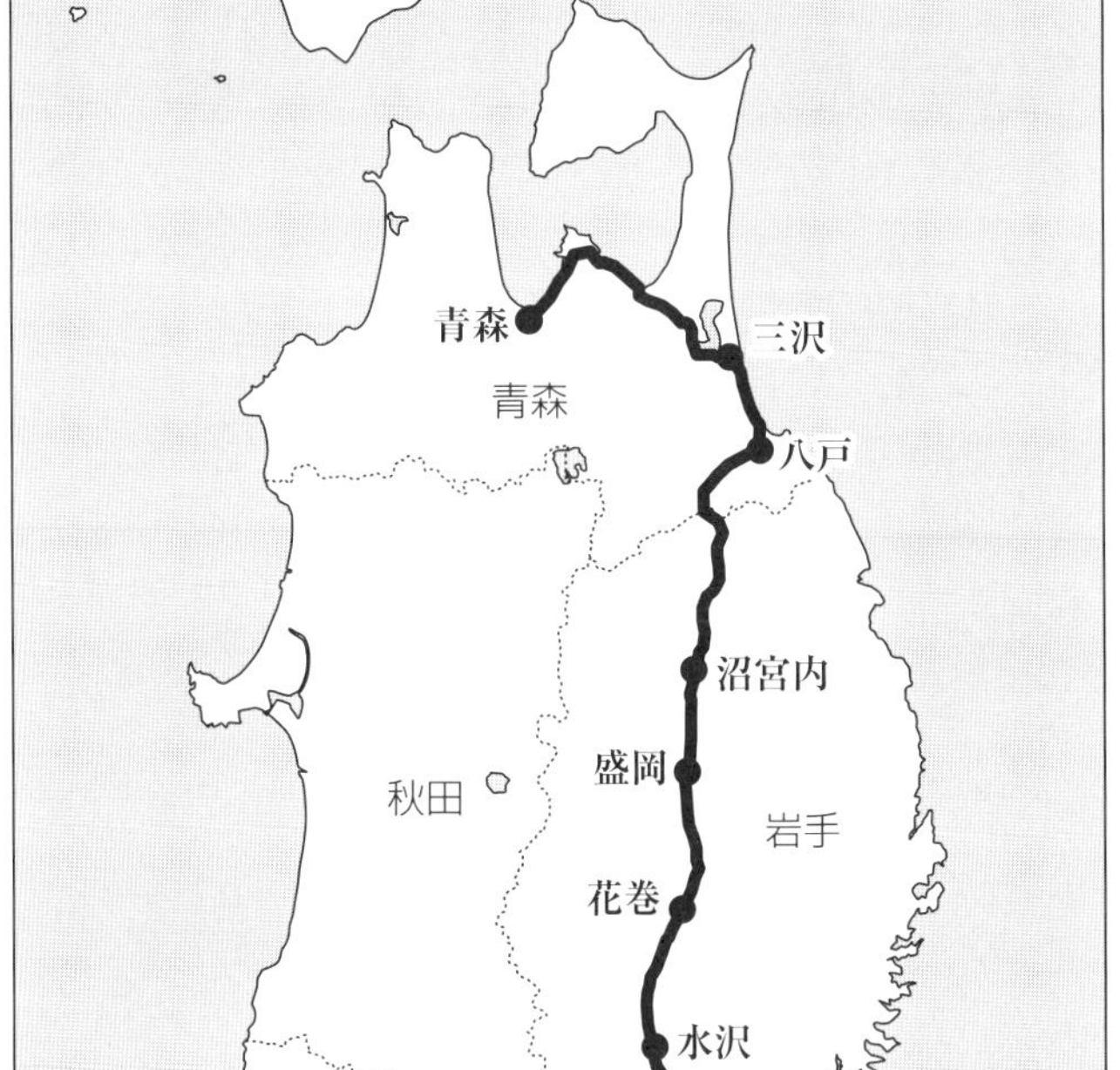

仙台〜青森徒歩の軌跡

2009年
仙台〜古川　45km
古川〜一関　48km

2010年
一関〜花巻　59km
花巻〜沼宮内　73km

2011年
沼宮内〜陸奥市川　96km
陸奥市川〜青森　102km

徒歩総距離	423km
徒歩総時間	106時間
徒歩日数	12日
宿泊数	7泊
通過市町村	32

2009年

仙台～古川駅　大崎市へ日帰り

1月8日　※距離45㎞、時間10時間余、時速4・7㎞

松ノ内が明けたこの日スケジュールが空いていた。2年前に始めた東京への旅は未だ2日分の日程を残していたが、この1日近辺を歩き有効に使おうと考えた。仙台から約40㎞北に古川がある。古川は米どころ大崎地方の中心に位置し、合併により大崎市となった。東北新幹線、陸羽東線の駅があり、仙台から古川へは国道4号線がメインの道路として通じている。4号線を南に東京へと歩いたが、この4号線は古川から先も北に宮城県、岩手県を貫き青森県青森市に至っている。北海道を出て大学から仙台に住み、40年以上が過ぎた。この間登山、旅行、仕事などで数多くこの道を車で通っていた。この馴染みの国道を、北の古川へ歩いてみようと思った。

自宅を朝8時頃に出て北仙台で仙山線を越える。泉区七北田（ななきた）を通過し、東京から360㎞ほどの仙台バイパス終点で4号線

国道4号仙台～古川中間付近

に合流し北へ歩き続ける。左手に仙台市民の山、私が100回登山を目指した泉が岳（現在106回）の雪を纏った姿が見える。道には雪がなく、歩いていると寒さは苦にならない。東北道・泉IC入口を過ぎ大沢峠を越えると新興著しい富谷（現富谷市）に入る。ハイキングをした七ツ森を間近に見、船形連峰への入口の大和町吉岡の街を抜ける。やがて緩やかな下りになり、中新田、鳴子方面への分岐点が現れる。その先で4号線は県下唯一の村の大衡（おおひら）村に入り、右手の万葉の森脇を通る。この辺りで行程の3分の2を消化。さらに北に進み夕暮れになり、三本木からは古川の街の灯がチラホラと見え出した。気持ちはもう一息、体は早く終われと要求していた。

この4号線は古川に入るとバイパスになる。バイパスから古川駅までの道は、車の感覚と異なり思った以上に長い。その上暗くなり街中の道を間違えた。ロスの多い歩行をし自宅を出て10時間後に古川駅に着いた。

古川駅からは新幹線で仙台に戻る。その乗車時間はわずか11分、早く着いたのは良いが複雑な気持ちがした。この2ヶ月後には東京の旅を終えた。

古川駅〜一ノ関駅（日帰り）岩手県に入る

11月5日　※距離48㎞、時間11時間半、時速4・5㎞

古川と一関間は車では仙台から古川と同じ距離感だが、実際の距離はそれよりも長い50㎞近く。日帰りでは厳しい歩きになると覚悟した。古川駅から4号線バイパスに出、鳴子方面の国道47号線との交差点を過ぎる。江合川に架かる橋を渡ると、高清水、築館が緩やかな坂の先に現れる。国道からは見えないが、左側（西）に化女沼（けじょ）、右側遠くに伊豆沼と生態系にとり大切な沼がある。築館から栗駒山への道を左に分け、そのまま進むと栗原市金成（かんなり）である。ここは大学で同級、卒業後一緒に赴任した元同僚S氏の出身地。彼とは理科の教員として37年間同じ研究室で過ごした。残念なことに彼は前年に亡くなった。彼の実家の側を通過する時、言いようのない寂しさに襲われた。金成からなだらかな山容の栗駒山を左に見て歩く。有壁駅の先で東北本線を越え、その後岩手県との県境に至る。長い坂を下り4号線と分かれ、国道３４２号線を進み一ノ関駅に到着した。

2010年

③ 一ノ関駅〜花巻駅　義経伝説から賢治が愛した種山高原を見て歩く

9月14日　一ノ関駅〜金ケ崎駅　※距離36㎞、9時間半、時速4・1㎞

北へ歩き始めた旅を継続し、徒歩の軌跡を少しでも北に延ばそうと思った。一関以北の車の運転は登山だけでも40回を超える。その経験から岩手県の県都・盛岡を遠く感じ、旅に出る決心がなかなかつかなかった。一関到達のほぼ1年後、盛岡に近づくだけでも良いと一関から1泊の旅に出た。東京へは主

中尊寺金色堂

に11月から4月の期間に歩いた。北への歩きは最初の古川を除き、5月、7月、9月、11月と雪の季節を避けた。前年11月の一関行きは歩きに適した気温であったが、今回は今までにない暑さの中の歩行となった。

一関から束稲(たばしね)山を右に見、北上川、東北本線の西側を歩くと平泉駅に至る。その後左手60ｍほど上の小高い丘にある中尊寺前を通る。その先で義経終焉の地と言われる衣川への道を左に見て前沢へと進む。前沢の先から東に宮沢賢治の童話の舞台・種山高原、西に花の百名山の焼石岳、その間の水沢を通り抜ける。金ケ崎まで歩き、列車で戻った水沢に宿泊した。水沢は２００６年の合併で奥州市となっている。水沢に着き、上野で同宿した水沢氏は今どうしているかと思った。

焼石岳の登山口の一つに水沢からの胆沢(いさわ)ダム口がある。胆沢ダムは国内最大のロックフィルダムで、１９６９年そこから焼石に登った。その時朝のダムサイトのテントの中で、アポロ11号の月面着陸のラジオ実況放送を聞いた。焼石岳は中沼コース、夏油(げとう)温泉からも登ったが水沢を通るとその時のことを思い出す。

※いちのせき市は漢字で「一関市」、ＪＲいちのせき駅は「一ノ関駅」と表記されている。

9月15日　金ケ崎駅〜花巻駅　※距離23㎞、時間7時間、時速3・5㎞

金ケ崎から昨日と逆に東北本線の西側を焼石連峰の前衛の霊峰・駒ヶ岳を見て歩く。和賀大橋を渡り、焼石の麓奥深くの秘湯・夏油温泉への道を左に見る。夏油温泉は牛形山、駒ヶ岳の夏油三山の登山口であり、焼石連峰の縦走路の起点（終点）でもある。私が通った当時は、昔からの宿や国民宿舎などがあった。その後途中にスキー場が開かれたと聞く。夏油温泉は今どうなったかと思い、その道をやり過ごし北上バイパスに入る。北上からは西に北上線が横手へと走っている。バイパスが終わる所で昼食にし、その後花巻駅を目指した。北上から花巻間は短かったが、暑さで今までになくバテてしまった。花巻駅に到着した時は熱中症の手前であったかも知れない。行動を終了するには早く、少し先に進みたい気持ちはあった。だが暑さで疲れた体は花巻に達し盛岡が近づいたことで充分、行動を早く終えろと悲鳴を上げていた。花巻からは遠野物語の舞台の遠野が近く、六角牛山（ろっこうし）、石上山、物見山などにも登っていた。宮沢賢治ゆかりの地であり、観光や早池峰登山で何度か訪れていた。今回は花巻で行動を終了し帰仙した。

④ 花巻駅〜いわて沼宮内駅　ついに盛岡を越える

11月4日　花巻駅〜盛岡駅　※距離41㎞、時間約11時間、時速4・5㎞

花巻から盛岡は40㎞先、一日で到達できる可能性が高くなった。花巻市街を抜けると4号線はほぼ一直線に北上する。その4号線は途中で花巻空港を右手にその脇を通り、石鳥谷バイパスでやや西に膨み盛岡に向かう。かつて登った台形の東根山、釣り鐘形の南唱山の特徴ある山々を左手に見て矢巾町に入る。そこを過ぎると国道は広くなり盛岡バイパスに達する。北上川を渡るバイパスを直進せず、橋の手前から左に折れ盛岡市街に入った。これまでは盛岡到達を確信できず、今回も盛岡に着けば充分と歩いていた。盛岡に入ると、それまで漠然と考えていた青森を次の希望地として考え始めた。青森まで歩くためにはこのまま引き返すのは勿体ない。青森に向けもう少し北に歩こうと盛岡駅前に宿泊した。

11月5日　盛岡駅〜いわて沼宮内駅　※距離32㎞、時間7時間半、時速4・4㎞

駅から北上川縁りを歩き、バイパスからの4号線に合流した。郊外に出て岩手大学農学部前を通過、岩手山を左手に滝沢から北へと進む。前方右手に岩手山と対をなす優美な姫神山が近づく。その麓は石川啄木の故郷渋民、30年前姫神山の下山途中に啄木記念館に寄った。渋民の次の好摩では駅前通過時に姫神山登山で泊まった旅館を探した。好摩の駅は当時国鉄であったが、現在は**いわて銀河鉄道**の駅となっていて、記憶も定かでなくその旅館を確認できなかった。渋民か好摩までと思い盛岡を出発したが、その先のいわて沼宮内駅まで歩いた。今回は前回に比べ涼しく、歩くペースを持ち直し予想を超えて歩くことができた。

いわて沼宮内駅〜陸奥市川駅　東日本大震災後、東北最難関部を抜ける

盛岡〜八戸間はかつて日本のチベットと言われていた東北北部縦断の難所、沼宮内からいよいよその区間に入る。前年11月沼宮内に達した後の冬の期間、この区間をどう乗り越えるかと考えた。八戸を拠点に**青い森鉄道**を利用し、到達点と宿泊地・八戸をこの鉄道で2往復しこの区間約90㎞を歩き切ろうと考えた。

◆東日本大震災について

２０１０年11月に沼宮内に達し、翌年春になったら懸案の沼宮内と八戸間を歩こうと計画を立てていた。春の訪れに未だ早い3月11日14時46分、未曾有の大地震が東日本の大地を揺らし、沿岸部は巨大な津波に襲われた。ここで徒歩の旅から寄り道をし、東日本大震災当時のことに触れてみる。

大地震が起こったその時、私は自宅から車で30分程の無線仲間が集うハムショップにいた。今だかつて経験したことのない大きな揺れに、避難しようと外に向かったが玄関の戸が開かずそこで動けなくなった。大きな揺れが繰り返される間、向かいの民家の屋根瓦が落ち、壁が剥がれ落ちていく様を恐怖で眺めていた。私は大地が避け、正直この世が終わると思った。揺れが収まると、ショップの床には機器、部品が散乱していた。私は交通止め、渋滞の道路を行きつ戻りつし午後8時頃真っ暗な自宅に辿り着いた。

無線仲間はNPO・宮城防災アマチュア無線クラブを立ち上げていて、当日仲間が無線で流した津波情報で命を救われた人達がいた。また仙台の放射線量を毎日測定し、無線で発信し続けた。私は当時民生委員として、検査で承認済みの沢水を水道が復旧するまでお年寄り、体の不自由な人へ届けた。それ以外の人の役に立つことはほとんどできなかった。復旧が進み日常生活に不自由がなくなっても、被災に遭った人々が以前に戻れない様子を民生委員の仕事を通して見てきた。地震の際〝この世が終わる〟と思った。物理的な面では元に戻りつつあるが、人の心が元に戻るには時間がかかると感じている。この震災の記憶を風化させず、今後に備えることが大事だと現在思っている。

5月17日　いわて沼宮内駅～一戸駅　※距離34㎞、時間約10時間、時速4・6㎞

私の住む宮城県を含む東日本は大震災の被害が甚大であった。5月に入ると新幹線が復旧し、歩く予定の地域は表面的には平常に戻りつつある様が窺えた。この時期旅行に出かけることを逡巡したが、日常を取り戻そうとすることも復興への道に繋がると考えた。

思い切って朝一番の新幹線で仙台を出、午前8時過ぎにはいわて沼宮内駅に着いた。到着後直ちにいわて銀河鉄道に沿う山間の道を歩き出した。その道中地震の被害を目にすることはなく、30㎞先の目的地一戸に到着した。山間の道をひたすら歩き、長く感じたが苦しむことなく歩き終えた。一戸から列車で八戸に向かい、駅前のホテルに連泊の宿を取った。

5月18日　一戸駅〜北高岩駅　※距離46㎞、時間11時間半、時速4・5㎞

始発の列車で一戸に戻る。一戸からはかつて登った海岸に近い階上岳(はしかみ)とは離れた山道を歩く。前日より山と山の間が広まり、集落も余り途切れない。馬淵川が蛇行を繰り返しながら近づき、遠ざかる。上目時で県境と峠を越えて青森県三戸町に入る。目時の駅から鉄道は〝青い森鉄道〟の運行になっている。三戸では山間部を抜けて八戸が近づいたと感じた。剣吉、苫米地の集落を過ぎ、八戸まであと1駅の北高岩駅で時間切れとなる。

5月19日　北高岩駅〜陸奥市川駅　※距離16㎞、時間約4時間、時速4・4㎞

この日は八戸から仙台に帰る日である。北高岩駅から八戸まで1駅、10㎞に満たない。馬淵川沿いに歩き八戸駅前に着いたが、もう少し先まで歩こうとＪＲ八戸線を越え45号線を北へと進む。青い森鉄道の跨線橋を越えた所で〝百石道路〟から離れ右折、八戸方向へ戻り陸奥市川駅に到着した。北高岩駅と陸奥市川駅はいずれも無人駅であった。

6 陸奥市川駅〜青森駅　本州の終着青森駅到達、青森〜東京間が繋がる

7月2日　陸奥市川駅〜三沢　※距離22㎞、時間5時間半、時速4・6㎞

陸奥市川駅から最終目的地青森駅までの旅の1日目は三沢までの歩行である。途中で鉄道から離れそ

の東側、今まで車でも通ったことのない道を三沢へと進む。三沢までは20㎞以上、朝仙台を出ての行動なので三沢到着時は夕方になった。三沢は私にとって足を踏み入れるのが初めての町。かつて甲子園を沸かせた三沢高、米軍基地のある町のイメージを持っていた。青い森鉄道三沢駅の近くに古牧温泉がある。後に下北の旅で妻とそこに泊まったが、この時は街中のビジネスホテルに宿泊した。到着後に街中を歩いてみた。

三沢基地所属のアメリカ人S氏と宮城県・大東岳、北海道・大雪山、自宅からの3度アマチュア無線で交信した。彼は未だこの町にいるのだろうか?と三沢に着いて思った。

7月3日　三沢~小湊駅　※距離52㎞、時間11時間半、時速4・5㎞

2日目、三沢から青い森鉄道の線路に沿い歩き始める。やがて郊外に出ると、平坦な原野の中に右手「小川原湖」の看板が出てきた。湖は直接見えなかったが、仙台~千歳便で空から何度も広大な小川原湖を見た。その側にある円形のタンク群の印象が強く残っている。タンクは何だろう? 石油の備蓄に使われているのだろうかと思っている。

この先で東北町の領域に入り、山間を抜けると左手からの国道4号線に合流する。間もなく青い森鉄道の線路が右手から現れそれに沿って進む。やがて野辺地町に入る下北半島への国道279号線が右に分かれる。それを見送り直進すると、4号線は野辺地駅付近で少し西に膨らみ駅から離れ、野辺地のバイパスのようになっている。野辺地を過ぎて、陸奥湾に沿って北上する。右手陸奥湾は穏やかで、その奥には下北半島・陸奥横浜辺りが見えていた。函館港を出港すると青函連絡船は揺れ出す。その揺れは津軽海峡を越えるまで続き、陸奥湾に入ると収まっていたことを思い出す。

4号線と並んで走る青い森鉄道には狩場沢駅があり、次の平内町・清水川駅を過ぎて4号線は夏泊半島の付け根を西へと曲がる。その先の小湊駅に至り2日目を終え、鉄道で宿泊地青森市に向かった。三沢から52㎞を超え、今回の最も長い区間を無事に歩いた。

7月4日　小湊駅~青森駅　※距離28㎞、時間約7時間、時速4・4㎞

最終日小湊から夏泊半島を横切り、浅虫温泉に入る。翌日仙台に戻る途中この浅虫で下車、小雨の中背後の高森山に登った。この日は天気も良く浅虫からは左に八甲田山北端・田茂萢岳を眺め、南西へと進む。新幹線・新青森駅手前で4号線から離れ、海岸に向かう。その後は海に沿い青森駅を目指し最後の歩きに入る。青森駅から徒歩2分にある青森県観光物産館アスパムの正三角の建物が見えてからが長かった。歩き始めて7時間後青森駅に到着した。

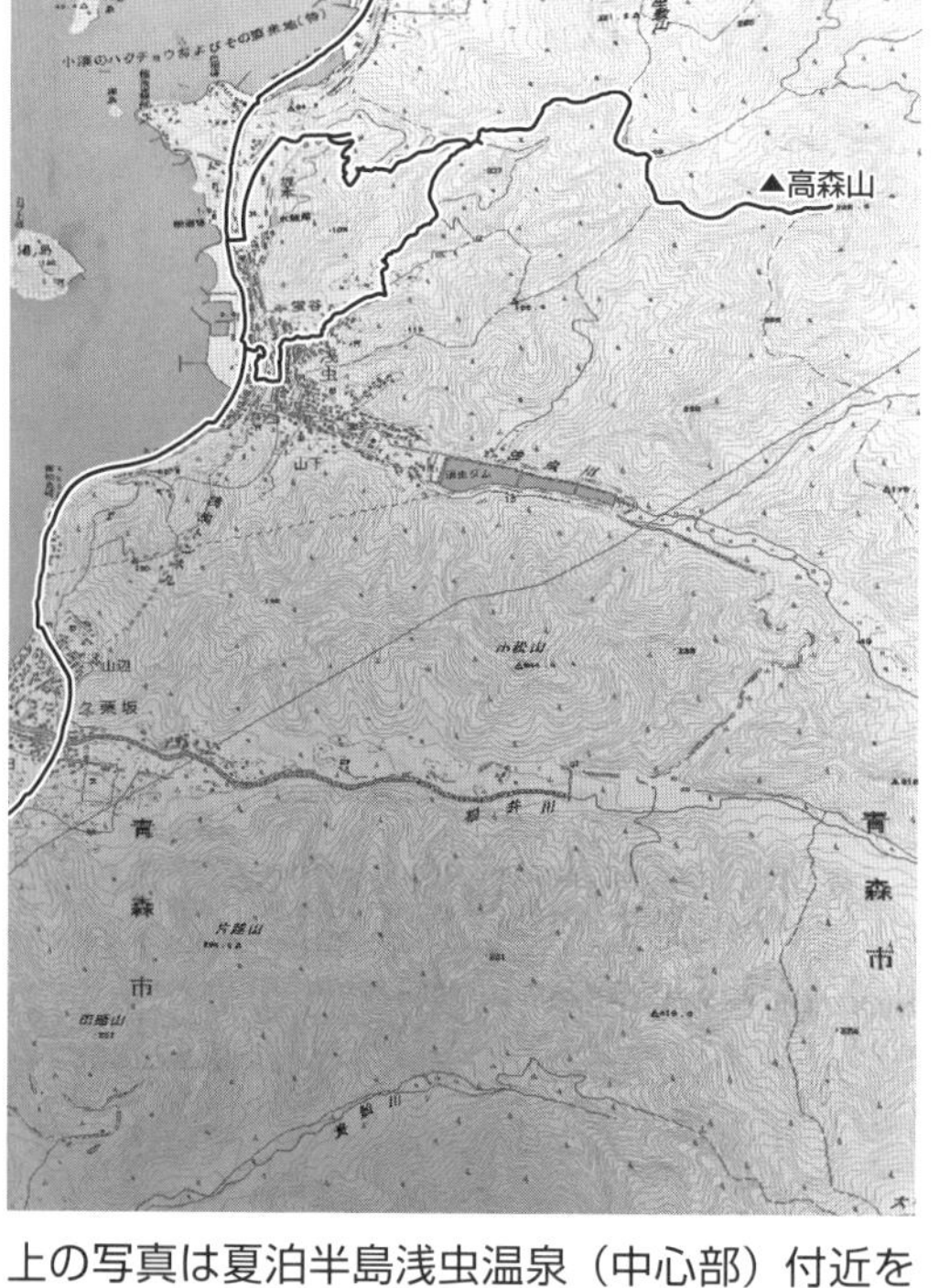

上の写真は夏泊半島浅虫温泉（中心部）付近を歩いたGPS軌跡、高森山への実線は徒歩の旅のご褒美として帰途に登山したもの

青森駅は学生時代から帰省の行き

帰りに通過した駅。連絡船（八甲田丸、摩周丸、羊蹄丸）が青森に近づくと下船口に並ぶ。船が着岸すると、出発を待つ急行八甲田の座席確保に駅の長いホームを何度も駆けた。今回青森駅は喜びの駅となった。

◆仙台〜青森を歩き終えて

古川へと北に向かって歩いた時は青森まで歩くことを考えていなかった。北へは徒歩の軌跡が少しでも延びると良いという思いで歩いた。盛岡まで歩くと青森到達を本気で計画した。その後東日本大震災に見舞われ、様々な思いを胸に2年半で青森に達した。

学生時代から帰省、旅行の度に利用したＪＲ東北本線は、新幹線ができて利用が絶えていた。この旅で仙台との往復で度々乗車する機会があった。盛岡以北は東北本線が第三セクターのいわて銀河鉄道、青い森鉄道となっていて、宿舎との往復に度々これらの鉄道も利用した。駅名の多くは変わっていたが、暫くぶりに沿線の風景に触れ懐かしかった。

仙台〜青森間を7泊、12日の日数で４２３km、歩行総時間は１０５時間45分で歩いた。仙台〜東京と、仙台〜青森の徒歩の軌跡が自宅を挟んで繋がり、その距離は合わせて７９６kmとなった。この後私の関心は東京から西へと移っていく。

この旅では道を尋ねたり、相談事などの会話をする機会は少なく、特別な出来事もない。唯一印象に残ったのは前沢付近の農村部での小学校低学年の男の子との会話である。

道端の斜面に腰掛けて休んでいた私に、彼は「あなたはどこからきたのでしょうか?」と問いかけてきた。その言葉遣いには気品があり、イントネーションに東北弁を感じない。その垢抜けした服装、容姿からは都会からの転校生か、はたまた義経関係の後裔か?などと勝手な想像を巡らした。雨や雪が降ることもなく、危険な橋やトンネル歩きもなかった。復興の息吹を感じ、東北を第二の故郷として感じた旅となった。

第3章 東京から東海道を京都へ、大阪、神戸まで足を延ばす

東京～神戸徒歩の軌跡

※（　）内の距離はkmに四捨五入した数字

※日本橋（13km）五反田

2012年

五反田～芦ノ湖　100・13km　※GPS実測値

五反田（35km）戸塚（43km）小田原（21km）芦ノ湖

2013年

芦ノ湖～焼津　99・09km

芦ノ湖（26km）沼津（45km）清水（28km）焼津

焼津～豊橋（船町）　108・14km

焼津（41km）愛野（41km）新居町（26km）船町（26km）豊橋

2014年

豊橋～亀山　131・74km

船町（32km）東岡崎（40km）名古屋（36km）

四日市（23km）亀山

亀山～神戸　161・87km

亀山（34km）水口（49km）京都（46km）大阪（33km）神戸

徒歩総距離	600.97km	総時間	151時間47分
通過市町村	47		

◆計画に当たって

2007年に始めた南の東京への旅に続き、北へと歩き2011年の3・11東日本大震災後に私は青森に到達した（第2章）。徒歩の軌跡が青森へと延びると、当初考えていなかった青森～東京間の東日本が自宅を挟み徒歩で繋がっていた。次の対象は青森の先の北海道か東京以西となるが、第6章で述べるように北海道はいつでも歩くことができると思い私の関心は東京から西へ向かった。そこで最初に浮かんだのは東海道で、歴史、物語の舞台となったこの街道に沿い京都まで歩き、京都に達した後は関西の中心都市大阪へ足を延ばしたいと思った。

東海道は多くの部分で国道1号線と重なっている。京都、大阪へ効率的に歩くには1号線をメインにするのが良いと思った。主に1号線を歩きながら昔の人が旅をした東海道にも触れる。今までの旅と同様、具体的なルートや旅の日時は予め決めず、自分の都合の良い時に旅を行う。その時の状態によって歩くルートや区間を決めて徒歩の旅を進めていく。今回はできれば東海道を歩き終えたい。これまでの旅とは異なり、京都到達を強く意識して京都、そして大阪を目指した。

2009年以降、日本橋から銀座、銀座から五反田駅経由で新宿駅へと歩いていた。東海道の旅を1号線に近い五反田の息子のマンションから始めることにし、出発前日五反田駅からマンションまでを歩いた。これで日本橋～五反田の出発点が繋がった。

五反田～芦ノ湖　箱根駅伝のコースを歩く

1月15日、五反田～戸塚駅　※距離36㎞、時間9時間、時速4・5㎞

早朝、息子夫婦に見送られて五反田を出発した。マンション前の広い道路を南東へ直進するとほどなく国道1号線に合流、その1号線を南下し品川区から大田区へと進む。多摩川に架かる多摩川大橋を渡ると、最初の県の**神奈川県**に入る。道路は平坦であるが、大きな道が交差する度に歩道橋の上り下りを強いられる。横浜市に入ると横浜駅の裏（西）側を暫く進み、保土ケ谷でやや北西よりに歩く。やがて街中に緩やかな登り坂が現れる。箱根駅伝の勝負所、テレビで見ていた権太坂である。この坂の上り下りは単調な徒歩の旅に変化を与えてくれた。権太坂を下り長い歩きの末、左手に戸塚駅への道が現れた。この道を入るとそのすぐ先が戸塚駅であった。電車で引き返し東海道最初の夜を横浜で過した。

1月16日　戸塚駅～小田原駅　※距離43㎞、時間10時間半、時速4・6㎞

2日目、戸塚駅から前日歩いて来た国道1号に戻り南西に続く道を藤沢へと進む。藤沢手前で国道は地下に潜る。徒歩では地下に入れず、国道が現れる出口を求め不安な思いで地表を歩く。藤沢に入り小さな橋の先で右に直角に曲がる。間もなく右手前方に地下から出た国道が見え一安心。合流した1号線は茅ヶ崎へと向かいその市街を通る。茅ヶ崎駅で休むつもりだったが、国道から少し離れていて駅には寄らず先に進む。やがて相模川に架かる馬入橋が現れ、その橋を渡り平塚市街に入る。帰宅後にプリントアウトした軌跡は北に膨み、平塚駅から離れていた。1号線に拘らず直進して平塚を抜けていると1㎞は距離を短縮できたと思う。平塚でも休まず、次の大磯で昼食、休憩にした。その後相模湾沿いに二宮を経、夕方近く右手にこの日の宿泊地・国府津(こうづ)の街に入る道を見る。あと一頑張りとその道を見送り、JRで2駅先の小田原駅までの7㎞を歩く。日が暮れる頃海岸から小田原市街へ入る。暗くなり小田原駅に到着、国府津に向かい宿泊した。

1月17日　小田原駅〜芦ノ湖　※距離21㎞、時間約6時間、時速4・3㎞

小田原駅から小田原城脇を通り東海道本線のガードを潜る。道は箱根登山鉄道・湯本駅へと向かっている。湯本駅から旧東海道を歩こうかと迷ったが、分かり易い箱根駅伝のコースを選んだ。上りになった道路脇の所々に残雪が見られる。スニーカーでの歩行には支障がなく、大平台、宮下と順調に進み小涌谷で軽い食事、休憩にした。車道の上りは登山道ほどの勾配がなく上りの意識なく歩いてきた。下りになると思っていた以上に勾配があることに気付くが、この時も予想以上に高度を稼いでいた。国道1号の最高地点(874m)を越えると緩やかな下りになる。休憩所のような建物を過ぎると一気に下り、やがて仙石原への道を右に見る。その先には芦ノ湖の湖畔、箱根駅伝のゴールが待っていた。私もそこを今回のゴールにした。

この日のコースを箱根駅伝では箱根の山登りと言う。私は平地と時速がほとんど変わらず、登山の感じを持たずに歩いていた。

３日間で東京から約１００㎞、25時間をかけて歩いたが、箱根駅伝の選手はほぼ同じコースを５人が５時間半で繋ぐ。でも私は自分の結果に満足し、その日のうちに仙台に帰り着いた。

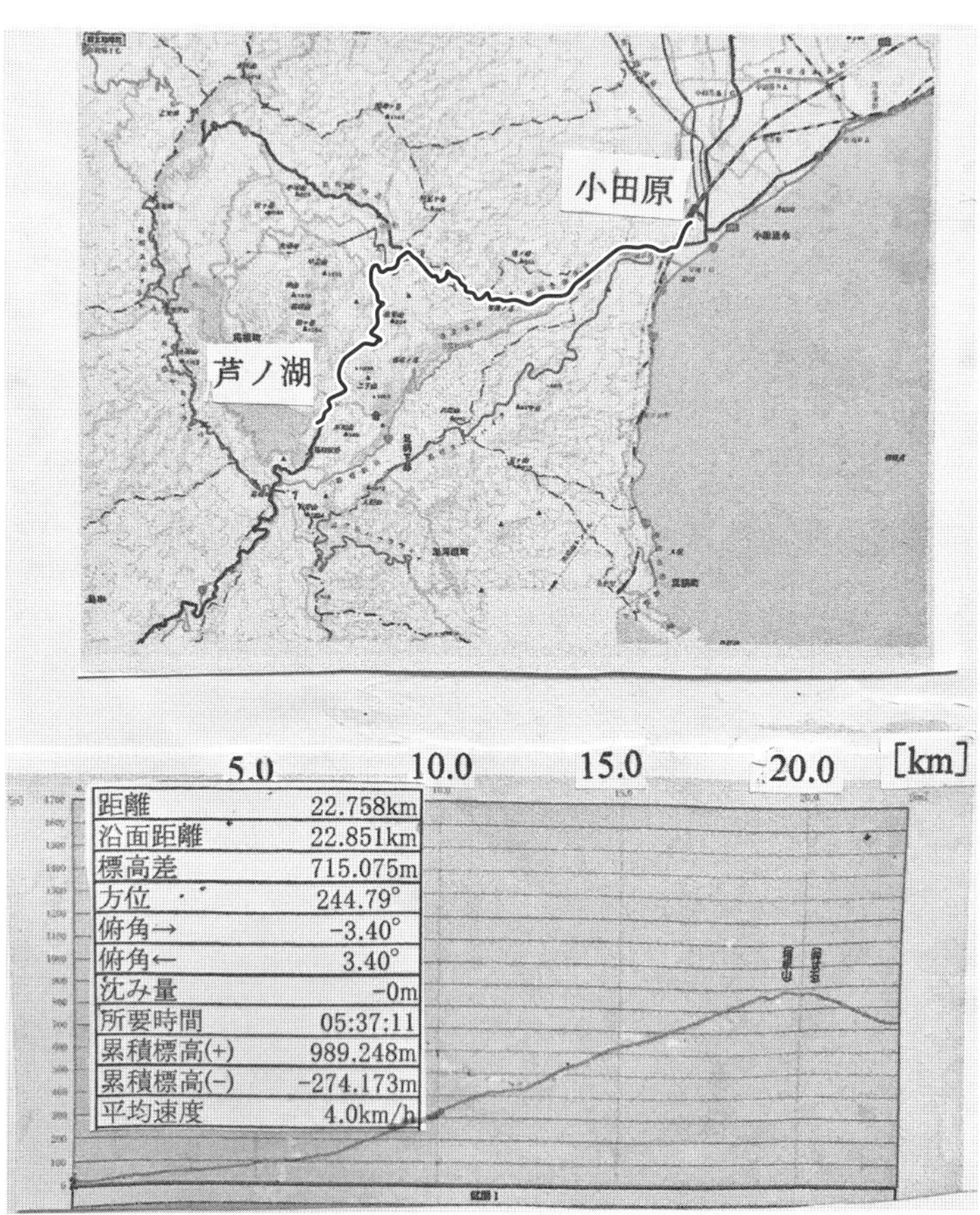

（上）GPS による小田原から芦ノ湖の軌跡。
（下）軌跡のグラフ表示（横軸：距離㎞　縦軸：標高ｍ）

地図を眺め一日40km前後を目安に次のルート、宿泊地を考える。そのために神奈川、静岡、愛知、三重の分県地図を購入した。次の目的地とルート、宿泊地はその都度決める。次の旅までの期間は不定期で、1ヶ月後のこともあれば1年近く空くこともあった。

芦ノ湖〜焼津　自動車専用道路でパトカーに護衛される

1月26日　芦ノ湖〜沼津駅　※距離26km、時間6時間、時速4・7km

芦ノ湖到達の次の旅は、1年後の2013年1月下旬になった。芦ノ湖に着いた時は道路に雪こそなかったが、風があり前回と異なり非常に寒かった。何度も尿意を催したが手が悴み、チャックを下ろすのに手間取るほどであった。芦ノ湖沿いを元箱根から静岡方面へ進むと箱根旧街道に〝箱根関所跡〟が現れ、天下の険を歩いている感じがした。その先の集落から約150m上ると箱根峠に至る。芦ノ湖を後ろに峠を越え、1号線を南下し2つ目の県の**静岡県**に入る。道は長い下りになり、風の影響は少なくなる。やや南西寄りに向きを変えると、富士山の大きな山体が近づいてきた。特徴ある宝永火口が中腹奥（西）に見え、この辺りからの富士山の眺めは美しいというよりは巨大な感じがした。富士山を見ると若くして亡くなった弟と一緒に登ったこと、富士山の大沢崩れで遭難したN氏のことを思い出す。またN氏に関連し、登山家芳野満彦氏との関わりを思い浮かべる。そのことは徒歩の旅、ひいては私の登山の姿勢にも関わる。その内容は章末の付記2で述べることにする。長い道を直進し、三島塚原IC入口を右に見て沼津駅に至った。この日は列車で移動して三島市に宿泊した。

1月27日　沼津駅〜清水駅　※距離45㎞、時間11時間、時速4・3㎞

沼津駅を出た時は前日の風がさらに強く、しかも向かい風であった。その風に逆らい歩く。徒歩の旅で3本の指に入る風の強さで、時折体が押し戻された。途中から風は止んだが、この日の歩行速度は時速4・3㎞と前日より0・4㎞ほど低下していた。

沼津からの1号線は海岸沿いに西進している。私はその1号線と並行するさらに海側の旧東海道を歩いた。左手は白い砂浜と青い駿河湾、反対の右手には美しい山裾を引いた雄大な富士山が眺められ、正に東海道を歩いている感じがした。その歩きを楽しみ吉原で1号線を越え、富士山を正面に見て富士市内へと入る。迂回した形になったが1号線に戻り、富士川を越えて蒲原へと進んだ。

旧東海道は1号線と重なったり離れたりし、そのうえ1号線からは時々バイパスが分かれる。旧道、新道、バイパスとどの道を進もうかと迷うことがある。蒲原手前でそれまで歩いて来た1号線が新しいバイパスになっていることに気付く。間もなくそれまでの歩道が白線になりその幅が狭くなった。地図では右手に1号線、東海道があり、その方向にそれらしき道が見える。しかしそこへ行く横断歩道が現れない。そのまま進むと道路は高いコンクリートに包まれてしまった。危険を感じ車に迷惑を掛けている意識で、一刻も早くここを抜けようと気が急く。今思うとこの時横断歩道のある所まで引き返すべきであった。案の定パトカーがすぐにやって来た。ここは〝車専用道路〟、歩行者通行禁止とのこと。車専用道路の標識を理解せず……運転免許はあるが……見落としていた。「危険だからパトカーに乗りなさい」と言われたが、私は「青森から歩いて来た。ここで車に乗ると徒歩の記録が途切れる」と必死に訴えた。その結果次の出口までの約５００ｍ、パトカーは歩く私の後ろについて護衛してくれた。下り口で「ここが出口、ここから下りなさい」と命令口調で言われた。パトカーの警察官氏には感謝、感謝！冷や汗を掻き国道に戻る。興津まで歩きそこで休憩した。日が暮れかかり前方の清水港の灯りが増していく。清水駅に着いた時には日が暮れ、宿泊予約の焼津には列車で向かった。

＊清水に宿泊すべきであった。

1月28日　焼津〜清水駅　※距離28㎞、時間7時間、時速4・3㎞

地図を見ると焼津〜清水間の1号線は起伏のある山間部を通る。長いトンネルもあり、車には便利でも徒歩には不向きと判断した。もう１つの海岸沿いの道は短いトンネルが４つ、小さな起伏、蛇行もあるが距離はこちらの方が短い。前日到達の清水に列車で戻ると、その時間が無駄になりその日のうちに仙台に着くのが難しくなる。時間の関係でこの道を焼津から北の用宗（もちむね）へと逆行し、清水に向かうことにした。

海岸沿いの道は旧道でトンネル内の照明は暗く、路側帯も確保されていない。対向車が来ると立ち止まり、壁にへばりつきやり過ごす。トンネを出ると壁につけた掌にはべったりとタールが付いていた。静岡市駿河区の用宗から、東海道本線沿いに内陸の静岡市を目指す。安倍川の駅を過ぎ静岡市街に入ったが、静岡駅には寄らず一気に草薙まで歩いた。草薙は赤石岳〜荒川三山の縦走後1泊した思い出の町である。休憩後一歩きで清水駅に到着。焼津から清水市へ歩いた区間は、本州、九州縦断中唯一の部分逆行区間となった。

③ 焼津～豊橋　東海道の核心部、大井川、天竜川を越え浜名湖へ

3月10日　焼津～愛野駅　※距離41㎞、時間10時間、時速4・4㎞

前回箱根から焼津間を繋ぐことができ、意気が上がっていた。それから1ヶ月半後、私は再び焼津へと向かった。焼津で宿泊した翌朝ホテルを出、県道222号線を歩き東海道新幹線、東名高速道路を横切る。222号は藤枝市に入り、藤枝駅を通り過ぎて東海道に合流していた。合流後ほどなく島田市に入り、島田駅の先の左に曲がる所で大井川に行き当たる。大井川橋から見下ろす〝越すに越されぬ大井川〟、季節のせいか、上流のダムの影響か？　その水量は意外に少なかった。橋を渡り山間の金谷宿（東海道24番目）に入る。道は金谷駅から離れて坂道を上がり、牧之原トンネルの上に出る。ここで東海道本線沿いの掛川への道と山間を通る東海道に分かれる。私は後者を選び峠への道に向かう。この東海道は峠のトンネル手前で国道1号線に合流していた。トンネルを抜けると道は下りにかかる。曲がりくねった道、国道とは言え充分な路側帯がない。日が暮れかかり、カーブの先から車のライトが向かって来ると恐怖を覚えた。平地に入った時は暗くなっていたが、ホッと一息ついた。危機感が薄れ、この日の到達点と考えていた掛川駅を〝もう一頑張り〟と通り過ぎる。掛川駅の次の愛野駅に到着し、列車で

浜松に向かった。浜松駅前のホテルに連泊の宿を取る。翌日はホテルに荷を置き、荷を軽くして愛野駅に戻る予定。

3月11日　愛野駅～新居町駅　※距離41㎞、時間10時間半、時速4・2㎞

列車で戻った愛野駅から2日目の旅を開始。歩き始めてすぐにかつての東海道五十三次の27番目の宿場、現在「ど真ん中」のコピーが使われている袋井を通過し、次の磐田市に入りサッカー場近くを過ぎるとその先に天竜川が現われた。天竜川は急流のイメージを持っていたが、下流域に入ったせいか川幅が広く予想に反しゆったりと流れていた。水量は大井川より遥かに多かった。天竜川に架かる大きな橋を渡り、前方に浜松市街を遠望して歩く。浜松市は遠州灘に接する平野の中にあるが、その平らな街並みに一際高く飛び出た建物が見える。浜松市の駅近くに聳え立つ特異な形の〝浜松アクトタワー〟である。地上213m、45階建ての建物で、ショッピングモールがある。浜松市のシンボルになっているのだろうか？　浜松市街を通り抜け、東海道本線を越えて海側を歩くとタワーは後方になっていた。線路沿いに西へ進むと大きな浜名湖が現れ、浜名湖からの流路に架かる橋を3つ渡る。浜名湖の西端・新居町駅で2日目の行程を終了。この日は前日より荷が軽いにもかかわらず歩行速度が落ちた。単調な平地歩きと前日の疲労が残っていたせいだろうか？

3月12日　新居町駅～船町駅（豊橋）　※距離26㎞、時間7時間、時速3・8㎞

新居町駅に戻りこの旅最終日の徒歩を開始した。歩き出すとすぐに浜名湖は後方に去る。東海道を海沿いに進み潮見坂を上って峠を越える。峠の先に県境があり**愛知県**、三河の国に入る。峠を下り白須賀宿、境宿の地名を過ぎて新幹線に近づく。新幹線沿いに西へと歩く間、白い車体がもの凄いスピードで側を通り過ぎる。江戸時代の人が今の時代に東海道を歩いてこの光景を見ると、どのように思うかと想像した。新幹線のガードを潜り豊橋市街に入ると足の爪先に違和感を覚え、道路脇で休憩して靴と靴下を脱いだ。靴下は汗で濡れ右足親指は水膨れになっていた。〝徒歩の途中で靴下を乾燥させる、時には靴下の交換をすること〟を書物で学んでいた。それを疎かにした結果で、遅ればせながらその大切さを実感した。豊橋駅を過ぎ、その先のＪＲ船町駅で今回の旅を終えた。

2014年

④ 船町駅～亀山　濃尾平野を歩き尾張から鈴鹿に向かう

前回の旅から次の旅まで11ヶ月の間が空いた。この頃から年に2、3回登山を兼ねた海外一人旅を始め、徒歩の旅を持つ機会が持てなかった。この間名古屋から京都へ出るために関ヶ原経由にするか、鈴鹿峠を越えるかと迷っていた。関ヶ原を見たかったが、宿泊の関係で桑名、四日市から鈴鹿峠を越える東海道を歩くことにした。

２０１４年１月にスリランカ・アダムスピーク、7月に英国のベン・ネビス山他の登山旅行を計画し、またその間の4月にツアーのイタリア旅行も入れていた。この1月と4月の旅行の合間を2回に分けて歩き、東海道を終え念願の大阪まで歩きたいと思った。その最初として2月20日から3泊4日で豊橋から四日市の先を歩く旅に出た。

2月20日、船町駅～東岡崎　※距離32㎞、時間7時間半、時速4・8㎞

豊橋に着き列車で移動した船町駅から東海道・1号線に出た。その1号線を西に進み豊川市域に入った。豊橋と豊川の東にかつて歩いた石巻山がある。私はその山を振り返り同定する余裕がなく、名鉄名古屋本線に沿いひたすら宿泊地の東岡崎を目指した。御油宿、藤川宿は名前だけ確認して通り過ぎ、7時間半で岡崎市の中心部・東岡崎に到着した。国道沿いのホテルにこの旅の第一夜の宿を取った。

仙台から北へと歩き出した頃の2009年、岡崎市の北の豊田市に宿泊し、猿投山（さなげやま）から瀬戸市へと歩いたことがある。岡崎市での宿泊は今回が初めてであった。

2月21日　東岡崎～名古屋駅　※距離40㎞、時間10時間半、時速4・3㎞

東岡崎からはあまり距離を置かずに知立市、豊明市が現れ、濃尾平野に続く平坦地を名古屋市へと進む。東海道新幹線、東海道本線のJR線、名鉄名古屋本線が近くを走る長い国道歩きの末、夕方名古屋市に入った。この間に池鯉鮒（ちりゅう）宿（じゅく）等の宿場があるはずだが、近代化された建物が並ぶ旧街道沿いにその痕跡を見出すことはできなかった。六番町で右折して1号線から離れ、名古屋駅へと歩く。最初に迷い時間を浪費、疲れてホテルに入った。

2月22日、名古屋駅～四日市　※距離36㎞、時間9時間、時速4・3㎞

電車で前日の1号線地点に戻る。〝なかしま〟から小さな橋を数多く渡り、1号線を西進し近鉄弥富駅を通過する。その先には木曽川、揖斐川の大河が連続して控えていて、木曽川に架かる尾張大橋の中ほどを三重県との県境が通っている。尾張大橋中間で尾張も終わりである。次の伊勢大橋の歩道から下を見ると、上流から続いている中州が見下ろせた。地図を見ると中州の東側は長良川、西側は揖斐川の名前が付いていた。橋の下流で中州がなくなり2つの川が合流している。そこからは揖斐川として海に流れ込んでいる。この2つの橋には今までにないしっかりとした歩道橋がついていた。

伊勢大橋を渡り終えると桑名である。言葉遊びの「その手は**桑名**の焼きハマグリ」を思い浮かべる。悲惨な事件で記憶のある朝日町から少しで工場の煙突が立ち並ぶ工業地帯、**三重県**・四日市市に到着した。四日市には36年前に御在所山登山で泊まったが、それ以来2度目の宿泊である。この旅の5年後に藤原岳登山で3度目の宿泊をすることになる。

2月23日　四日市～亀山　※距離23㎞、時間5時間、時速4・9㎞

4日目午前中がこの旅の行動リミット。早朝四日市を出て南西に走る1号線を進む。鈴鹿の標識が目につき昼頃に今回目的の亀山に到達し、この日のうちに仙台に帰った。

⑤ 亀山〜京都、大阪、神戸、鈴鹿峠を越え水口宿に泊まり東海道を歩き終える

3月16日　亀山〜水口　※距離34㎞、時間8時間、時速4・7㎞

亀山到達の約3週間後、東海道最後の旅に出た。亀山から1号線は北西へと90度近く向きを変える。そのまま方向を変えずに進むと奈良から大阪に至る。その途中に伊賀忍者の里、伊賀上野がある。忍者に興味がある私は奈良に行った時そこに寄った。大阪へは遠回りになるが、今回はあくまでも東海道の1号線を歩くことにした。亀山から鈴鹿川に沿い1号線を関町へと進む。東海道五十三次・47番目の宿場の関(せき)宿(じゅく)に至り、沓掛を過ぎ関町坂下で〝時が止まったような佇まい〟の街中を通り抜ける。その先の鈴鹿峠への登り口に片山神社がある。そこから旧道に沿い高度差約100ｍの山

GPSによる軌跡。中心部滋賀県水口宿

道を上ると、明るく開けた平坦地・鈴鹿峠（357m）に到着した。5つ目の県の**滋賀県**に入り、見晴しはないが峠で食事休憩した。その後長く緩やかな下り道をこの日の宿泊地甲賀・水口（みなくち）へと歩いた。土山のつく地名が続き水口町本町に至る。国道から町中へ入り宿を探し当てた。水口はかつての城下町で、宿場があった町。その宿は今でも東海道歩きの人が泊まる古風な宿で、「東海道歩き」のガイドブックが置いてあった。私はその本に目を通した。私の今回の旅は予めガイドブックを見て計画を立てたものではない。地図を見て歩くコース、宿泊先を決めた。この本を見ていれば、名所・旧跡や宿泊施設の所在が分かり、ルート作りも容易だったろう。でも私は今後も今までの方法で旅を続けるつもりでいる。この日は甲賀忍者の里に泊まり、今までで最も〝東海道の旅〟を実感した一日となった。

3月17日　水口～京都　※距離49㎞、時間11時間半、時速4・4㎞

順調に歩くと京都に着き〝東海道〟が終わる日である。水口の甲賀市から湖南市を経て栗東市までの長い直線の道を進む。昼近く栗東市に入り国道8号と合流し南西に進む。すぐに草津市を通過し大津市に至る。琵琶湖から流れ出る瀬田川の橋を渡るが琵琶湖全体は眺められず、石山駅からJR線に沿い大津駅へと歩く。やがて山間を西に進み**京都府**に入る。大津と京都間は距離がそれほどでないが、バイパス、自動車専用道路が複雑に入り組んでいる。山科駅、京の三条大橋への道がなかなか見つけられない。私より年上の老人に道を尋ねると「散歩中で自分の家は駅の近く」と道案内をしてくれた。1号線と離れ山科駅からは山間の道を抜け京の町へと進む。歩いていると徐々に日が暮れ、ゴールの京が近づかない。水口を出て40㎞を超え、疲れた体で鴨川の三条大橋を渡った。日がすでに暮れ、灯りの下で橋の袂の弥次さん喜多さんの像を見た。その時**東海道の旅が終わった！**と安堵感と喜びの気持ちが湧いた。京都駅まで歩き、近くのホテルに宿泊した。

3月18日　京都～大阪・淡路　※距離46㎞、時間11時間、時速4・3㎞

朝から天気が良くなく、腹の調子も悪かった。京都駅から五条通り、堀川通りと反時計回りに大回り、新幹線を越え1号線を南下した。コンビニ、モールと2度トイレを借り、午後には腹が落ち着いた。巾の狭い久御山町（くみやまちょう）、八幡市（やわたし）を通り抜け、枚方市から**大阪府**に入った。この辺りからは大都会の中を歩く感じになる。寝屋川で淀川新橋を渡ると高槻市、左折しすぐ摂津市に入る。摂津市を通過して大阪市に入ると暗くなり、雨具をつけての歩行となる。大阪の街中は前後左右と道路が交差する。宿泊先の新大阪方面の道標を度々見るが、どれが最短か判断できない。雨の中地図を見れず、現在地が分からず途方にくれた。思い余ってカッパを着用して自転車で通りかかった30代の女性に声をかけた。彼女は「電車で梅田に出てＪＲで新大阪に行くと良い」と自転車を押し、阪急淡路駅まで一緒に歩いてくれた。歩きながらの話では彼女は青森から出てきて介護の仕事をしている。結婚しているが子供はいないと言っていた。約15分で淡路駅に着くと、「半年前亡くなった母と同じ年の人（私）から元気をもらった」と切符券売機まで一緒に来て見送ってくれた。ここでも見知らぬ人の親切心を感じた。

3月19日　大阪淡路～元町（神戸）　※距離31㎞、時間10時間、時速3・7㎞

東海道終点の京都、そして大阪と希望が叶ったが、日程には未だ1日歩く余裕があった。大阪に入り岡山、広島方面の交通標識を目にした。ここまで来ると本州西端の下関まで歩きたくなった。下関まで歩くと、「徒歩で青森から下関の本州縦断」の軌跡が出来上がる。次は下関方面だと思い、その第一歩にこの日は神戸まで歩こうと思った。

早朝電車を乗り継ぎ、昨日送ってもらった淡路駅に戻った。私が道を尋ねた地点と宿泊した新大阪駅は距離的には近かった。だが暗くて方向感覚を失った状態で、雨の中の道を正確に辿ることは困難であったと思う。一般の人は交通機関でルートを考える。昨日の状況では、彼女に教えられた梅田経由は正解であったと思う。

淡路駅から路地のような道を西進、大きな道路に出て淀川に沿って南下、国道2号線に出合い右折して2号線を西に進む。神崎大橋、左門橋という名の橋を次々と渡り、**兵庫県・尼崎市**に入った。さらに武庫大橋を越え直線状の道を歩いて西宮市、芦屋市を通過し、神戸市の領域に入り東灘区から中央区へと歩く。神戸駅の1つ手前の元町でこの日の行動を終え、電車で戻った三宮に宿泊した。

3月20日　元町～JR神戸駅　※距離1・7km、時間25分、時速4・1km

早朝の時間を利用し、三宮から電車で元町に行きJR神戸駅への一駅を歩いた。その後前日電話した高校の同級生T氏に会うため三ノ宮駅に引き返した。三ノ宮駅の改札口で彼と落ち合い昼近くまで話し込んだ。徒歩の旅の話をすると、昨日西宮の彼の自宅付近を通過したことが分かった。余談だがこの時から2年後、彼が幹事の有馬温泉での同級会に出席した。その後有馬温泉から灰形山、湯槽谷山と六甲の山を歩き、その帰途彼の自宅に寄った。奥様手作りの昼食をご馳走になり、楽しい時間を過ごした。お宅を辞去する際、土産に2人の故郷北見のジャガ芋を頂いた。この後大津から比叡山の登山を控えている私には大きな荷物だったが、その重さを彼の好意の大きさと思いありがたく頂いた。

比良山地の末端、比叡山に登り、かつて歩いて越えた鈴鹿峠方面を眺め、京都市街を垣間見た。また琵琶湖を挟んだ伊吹山を懐かしく感慨を持って眺めた。青森へと歩いていた頃登った比良山地の盟主・武奈が岳、蓬莱山はそこからは見えなかった。

２０１４年3月、東海道約５２０㎞と大阪、神戸までの総計約６００㎞の**大きな旅**を無事終えた。

◆東海道を歩き終えて思う

関東の相模、箱根から中部の駿河、三河、尾張、近畿の甲賀、近江と昔の地名の残る東海道に沿って歩き京に着くことができた。時代小説に登場する宿場、旅行雑誌に紹介される幾多の名所旧跡を通り過ぎた。清水付近で三保の松原への標識を見かけた。天女の誘惑があったが、それまで出会った名所・旧跡と同様そこまでを往復する余裕がなく立ち寄ることができなかった。歩くことに精一杯の私はそれらの存在を案内板で知り、遠くから眺めることが多かった。それでも、それらの記憶は東海道の貴重な思い出として心に残っている。

宿泊には徒歩の旅に便利な駅前のホテルを多用した。宿場町の宿は水口だけであった。東海道歩きを趣味に昔のことを研究している人は、私と異なり宿場に泊まり、時間をかけて旧道を歩き切るのだろう。今回私が東海道を歩いて行き交ったのは一人だけ、上方方面から来た徒歩の人で無言ですれ違った。

現代の私達は東京から大阪への移動は新幹線、航空機、高速道路を使った車の利用が当然と考え、徒歩は頭にも浮ばないであろう。これに反し時間に急かされなかった昔の人々が歩いた東海道の旅は、五十三次の宿場を利用した味わいの深いものであったのだろう。

私の抱いていた「東海道」のイメージと重なったのは、箱根の関所跡、駿河湾、山中の松並木と石畳、関宿、鈴鹿峠、甲賀の水口宿であった。また名前を聞いて知っていた大井川、天竜川、木曽川、揖斐川と大きな川を渡ったこと、鈴鹿峠を越えたことも貴重な思い出になった。富士山を眺め、遠くにかつて登った南アルプス南部の山々を望見しながら歩いた。それはこの旅に彩りを添えてくれた。半ば願望であった大阪到達を実現し、西への新たな意欲が湧いてきた。

芳野満彦氏とのふれあい
登山は頂上、平地で端を目指す私の旅

富士山を間近に見た時、私は亡くなった弟、N氏、芳野氏とのことを思い出すと本文で書いた。若くして病死した弟とは、富士吉田口五合目から登り御殿場口に下山した。弟が亡くなり部屋を片付けた時、壁に富士山のペナントが貼ってあるのを見て悲しみが増した。

文中のN氏は私の初めての海外旅行、1974年ケニア山、キリマンジャロ登山の時のメンバーで旅行中同宿した方である。当時74歳で若い頃から登山をし、リーダーの芳野氏とはヒマ

ラヤ、ヨーロッパアルプスを一緒に歩いていた。山岳会会員のベテランの登山家である。コンクリートに関する学問でも業績があり、当時「左官屋さんの学校の校長をしている」と仰っていた。キリマンジャロでは５４００ｍ辺りまで登られた。帰国後度々手紙を頂いたが、１９７７年に富士山の御中道コースの大沢崩れで遭難された。その遭難は、〝老登山家富士で不明〟、〝岩場で転落死〟と2日にわたって全国紙で報道された。私は富士山を見るとこの2人を思い出す。

　Nさんを思う時、関連して芳野満彦氏とのことを思い浮べる。芳野さんは新田次郎の小説『栄光の岩壁』のモデルで、日本人初のマッターホルン北壁登頂者である。高校生の時八ヶ岳で遭難し、凍傷で踵、足の指などを切除し〝5文足の山男〟と呼ばれていた世界的な登山家であった。画家で、『山靴の音』などの著書もある。

　１９７４年、１ドル３１０円の時代で、私は30歳、芳野さんはキリマンジャロ、ケニア山登山のツアーリーダーであった。

アンボセリからキリマンジャロ

芳野さんとはロッジのコテージで同宿し、Nさんも交え3人で話し合ったことがある。芳野さんの話の中で、大学の同窓、同級の2人の参加者の話があった。2人は医者で友人だが〝登頂〟を巡って激論していたという。1人は噴火口縁のギルマンスポイント（5682m）に達すれば頂上と同じ、状況によってはそれで満足すべきと主張。もう1人はあくまでも最高点ウフルピーク（5895m）を目指すべきだと譲らない。芳野さんは前者を激賞していた。またNさんの5400mの様子から自分の登頂を捨て、付き添って下山したY氏（芳野さんと同窓のW大山岳部の主将を務めた方）の行動も褒めていた。その一方芳野さんは参加者の身勝手、山のマナーに反する行動には厳しく、遠慮なく彼らを怒鳴りつけていた。私はどちらかというと論争の後者に近い考えで、頂上への拘りが捨てきれないでいた。仙台から南へと歩き出した徒歩の旅当初、必ず歩き切るという拘りを持たず気楽に歩いていた。だが希望していた地が近づくと、登山の頂上と同じく必ず到達したいと思うようになる。この思いは私にとって登山と本質的に異なるものではない。徒歩の旅で目指すものは登山と同じだと徒歩の旅の中頃から思うようになっていた。

頂上という視野に囚われずゆとりある気持ちで登山し、山の自然に親しむ人々の気持ちに私は半ば引け目を感じていた。そのようになれればと思っていたが、最近までその心境に至ることができなかった。当時も山では頂上に達することに拘り、キリマンジャロの頂を目指した。そんな私だったが、ケニア山からそれまでの私の登山行動に対し芳野さんは一定の評価をしてくれた。ギルマンスポイントに達した時、ウフルに向かう7名のサブリーダーに指名され、帰国後2度の仙台での講演の際に連絡を頂いた。仙台滞在中には主催者の用意したホテルを断り、足の踏み場のない私の下宿に代わり私の山友達の家に泊まってくれた。仙台近郊の山を一緒に歩き、会食をし楽しい時を過ごした。大森での彼の個展で顔を合わせた機会には、私を山の友人と呼んでくれた。

彼からは植村直己氏、小西政継氏と3人で豚をまる1頭平らげた話を聞いた。その話の際、植村さんの人柄をベタ褒めしていた。三氏とも今は故人となられた、合掌。

本書「徒歩の旅を終えて」の項で、私は次のような趣旨のことを述べている。〝その時の状況に応じ、準備を尽くした結果はどのようなものでも受け容れよう、それは登山でも同様だろう。芳野さんに近づいていたら嬉しい〟と。それはこの旅を通して自然に従うことを学んだからである。

神戸～水城徒歩の軌跡

第4章
神戸から西日本を歩く
山陽路を下関、
さらに九州・水城駅へ歩く

※（　）内の距離は㎞に四捨五入した数字

2014年

神戸駅～大野浦駅　345・52㎞（実測値）

神戸駅（23㎞）明石市（38㎞）姫路市（38㎞）赤穂市
赤穂市（51㎞）岡山駅（28㎞）新倉敷駅（35㎞）福山市
福山市（34㎞）三原市（39㎞）東広島市（38㎞）西広島駅
西広島駅（23㎞）大野浦駅

2015年

大野浦駅～下関・関門海峡　186・80㎞

大野浦駅（38㎞）玖珂駅（36㎞）新南陽
新南陽（43㎞）新山口（53㎞）長府駅
長府駅（17㎞）下関・関門海峡

関門海峡～水城駅　98・42㎞

関門海峡（9㎞）門司港駅（35㎞）海老津駅
海老津駅（41㎞）博多（14㎞）水城駅

徒歩総距離	630.74 km
徒歩総時間	158時間38分
徒歩日数	18日
通過市町村	41

◆計画に当たって

東京から京都を経て大阪に入るとついに関西圏まで来たという思いがした。また大阪で交通標識に岡山、広島方面の表示を見かけ、西日本への旅を現実として考え始めた。

大阪から広島まで歩くと、本州西端の下関への半分を超える。距離的には下関到達の可能性が大きくなる。下関到達が実現すると、青森~大阪が繋がっているので **「青森~下関の本州縦断」** が成立する。

徒歩の旅を大阪から西へ続けたい気持ちが強くなり、前回の終わりに大阪から西へ神戸まで歩いていた(前章に記述)。この章では神戸以西を2回に分けて歩き、下関、九州・水城に至った旅について述べる。

中国地方は私の空白区、土地勘がなく日程作成に苦労した。日本地図を眺め、山陰よりは瀬戸内沿いの山陽道の方が歩き易いと判断、2号線、山陽道を中心に歩くことにした。

徒歩の旅の当初は日帰りを繰り返していたが、仙台からの距離が延びるに従い移動の時間が増え費用も増す。最初の東京までは2泊止まり、次の青森までは1泊~3泊、前回の東海道歩きは3泊~5泊と遠くなるに従い宿泊数が増えていた。神戸から以西へは行き帰りに時間を取られ何度も往復できない。宿泊数を多くしても少ない回数で行いたい。

最初は330㎞先の広島まで行き、次の2回目で下関に到達することができればと思い計画を考えた。日数が増えると着替えなどが嵩み、ザックの重さは10kgを超える。歩行速度は落ちるが登山と異なり、平地歩きは負担が少ないと当時はあまり気に掛けなかった。西日本なので、夏を避け晩秋・11月と春・3月に歩くことにした。

広島への10日間　神戸から岡山、尾道を経て広島へ山陽道を歩く

11月13日　神戸駅〜明石市　※距離23㎞、時間6時間、時速4・2㎞

夜行バスで早朝の大阪に着いた。70歳の身には楽ではなかったが、できるだけ早く起点の神戸をスタートし、最初の1日を有効に使いたかった。今回の旅は神戸〜赤穂の兵庫県を3日間、4日目に岡山県に入りその後広島県の広島市まで全体で10日間の予定である。

8時過ぎには神戸駅に着く。天気、気温も歩行に適していて、ポートアイランドを背に張り切って明石へと歩き出した。神戸・淡路大震災の被害が大きかった長田区を通過、表面上震災の爪痕は見られない。だが3・11後の東日本大震災と同様、その疵痕は人々の心に深く刻まれているのではないかと思う。2号線を直進して長田区から須磨区に入る。大阪湾沿いの垂水駅を過ぎると左手に淡路島への明石海峡大橋が現れた。淡路島は大阪湾と播磨灘を分けている。明石海峡大橋から先で明石市に入り、東経135度子午線を越える。ＪＲ明石駅の手前で脇道に入り、山陽新幹線、山陽本線を北側に越え、明石公園近くの宿に入る。着いた時は夕方まで間があり、子午線標識を見に人丸前駅へ行こうかと思った。だが夜行バスの疲れもあり宿到着後の時間を休養に当てた。

11月14日　明石市～姫路市　※距離38㎞、時間10時間、時速4・4㎞

2号線に戻り姫路を目指す。明石大橋を渡りその先で山陽電鉄、JR山陽本線と2つの鉄道を越えて明石の市街を離れる。山陽本線と並行の2号線を進むと午後にこの線と再び交り加古川市中心部に入る。加古川駅手前で指標に従い左折、するとその先で右折、加古川に面する手前でまた右折する。その先を加古川橋の袂まで進むと、先ほどまで歩いて来た2号線が右手から来て合流した。2号線は現在の交通量に対応するには狭すぎたのであろうか、左折点は車を迂回路に誘導していたようで徒歩の私は直進すべきであった。加古川橋から高砂市を通過して、夕方になってこの日の宿泊地の姫路市に入る。直進すると姫路城へ入る道があるが、この日の宿は国道を挟んで姫路城と反対側にある。

私の数少ない中国地方の旅行に津山・岡山・姫路を巡った旅がある。その折り白鷺城とも呼ばれる姫路城の美しい姿に感動し、離れがたくしばし佇んだ記憶がある。今回は時間が遅く、姫路城に立ち寄ることを断念して宿へ向かった。兵庫県で一番高い山は氷ノ山（ひょうせん）（1509m）である。氷ノ山には大阪から福知山線で向かったので今回歩く兵庫県の地域は前述の旅だけ、今回が初めてのようなもので新鮮な感じである。

11月15日　姫路市～赤穂市　※距離38㎞、時間10時間、時速4・3㎞

目的地赤穂市までの距離は前日とほぼ同じである。赤穂というと真っ先に忠臣蔵を思い浮かべ、また塩の産地としても記憶していた。

宿を出て2号線に戻ると姫路城が後方に見えた。その2号線を西進し太子（たいし）町を通過、長い単調な歩きの後に損保川大橋を越え昼過ぎに相生市に到着した。ここで休憩を兼ねた遅い昼食を摂り、相生から内陸を行く2号線と分かれ川の左岸を播磨灘方向に進んだ。河口近くで相生大橋を渡り、その先で高取峠を越える長い道に入る。峠を越えると千種川に出て、橋を渡り対岸の堤防に沿った道を下流へと歩く。この道を歩いている時は「まだか、まだか」という思いであった。ようやく海岸が近づき右手の山裾を回り込むと、その先に赤穂市の町並みが待っていた。この日は前日とほぼ同じ距離を、ほとんど同じ時間を掛けて歩いた。

11月16日　赤穂市〜岡山駅　※距離51㎞、時間12時間半、時速4・4㎞

目的地岡山市は50㎞先、長い歩きになることを覚悟する。赤穂市を出て赤穂線から一旦離れ、山側に回り込み再び赤穂線に合流する。赤穂線沿いに福浦峠を越えると**岡山県**、地名には「備前」が目につく。小豆島への航路がある日生(ひなせ)からは山間に入り、再び海岸線を歩くと備前市の西片上駅に至る。ここはこの日の中間点、岡山まではまだ27㎞ある。

田井山の裾を回り込むと、その先にトンネルを出た赤穂線の踏切がある。その踏切を渡ると、山を越えてきた相生で分かれた2号線と合流する。左折し西に進むと左手に伊部(いんべ)駅があり、それを過ぎると右手から大ケ池の上を渡る新幹線が迫る。私の歩く2号線は左手の赤穂線と新幹線に挟まれ、その先の吉井川に突き当たるまで直線路となる。吉井川の左岸に沿って下流に進み、備前大橋で対岸に渡る。少し下流に歩いた後に西進すると左手方向が「西大寺(さいだいじ)」の標識が現れた、その標識を見た時この地方に馴染みのない私は京都か奈良を歩いているのかと錯覚を覚えた。2号線は西大寺方向に分かれ、岡山ではバイパスとして中心部から離れた所を通過する。私の歩く道は250号線となり岡山市東区に入る。小雨が降ってきてバスの待合小屋で雨具をつける。だが歩き出すとすぐに雨は止んだ。岡山市街6㎞の標識が現れたがそこからが長かった。旭川に架かる相生橋を渡り岡山の市街に入った時は日が暮れていた。駅前のホテルまでは赤穂を出てから12時間半、51㎞と今回最長で我ながら良く歩いた！

岡山と次の宿泊地福山は63㎞離れている。一日で歩くのは難しい。翌日は28㎞先の新倉敷まで歩き列車で岡山に戻る。翌々日に列車で新倉敷駅に行き、福山市までの残り35㎞を歩く計画にした。それで岡山には連泊となった。

11月17日　岡山市～新倉敷駅往復　※距離28㎞、時間7時間、時速4・7㎞

岡山市から山陽本線を北側に越え人家がまばらになった平野部を歩く。再び線路を南側に渡って倉敷駅に着きそこで休憩した。前述の姫路城を見た旅の際、倉敷にも寄り白壁の蔵屋敷が並ぶ川縁を歩き、大原美術館にも入った。また岡山では岡山後楽園に行き、隣の黒い岡山城の天守閣から旭川が貫く岡山平野を眺め降ろした。今回は歩くことに専念し倉敷観光は割愛、休憩後は直ちに新倉敷駅に向かった。西に進むと昨日分かれた2号線と合流し、高梁川を渡る。その先の新倉敷駅から列車で岡山に戻った。この日はホテルに余分な物を置き、サブで新倉敷へと歩いたので歩行時速は4・7㎞と今回の最速になった。

仙台出発前は広島どころか、岡山の到達にも不安を持っていた。この日で新倉敷まで歩き、神戸から歩いた距離は広島までの半分以上の177㎞となった。日程の半分を消化した時点で広島への残りは

150㎞。広島到達の目安がつき気持ちが幾分か軽くなった。

11月18日　新倉敷駅～福山市　※距離35㎞、時間9時間、時速4・3㎞

列車で移動した新倉敷から、この日の宿泊地福山へと2号線を歩き出す。これ以後下関までのほとんどの区間、昨日合流した2号線・山陽街道を歩くことになる。

山陽本線と並んでいる2号線を進み、浅口市、里庄(さとしょうちょう)町を経て昼頃に瀬戸内海に面する笠岡市に着いた。沖合には個性豊かな7つの島からなる笠岡諸島がある。その先でこの旅初めてトンネルに入ったが、心配したほどのこともなくトンネルを抜けた。笠岡市と福山市は県境を挟んで隣り合っている。県境を越え**広島県**に入るとほどなく福山市の中心部に達する。2号線から北に歩いた所に駅がある。駅手前のホテルがこの日の宿舎で、夕暮れ前に到着した。

この旅を始めるまでは福山市の存在を知らなかった。海外旅行で空港宅配を利用する際、JAL便の場合は福山通運を指定される。福山通運は福山市と関連があるかと調べてみた。本社がここであることを知り、遠く離れた仙台でも営業していることに驚いた。

11月19日　福山市～三原市　※距離34㎞、時間8時間、時速4・3㎞

宿泊したホテルを出て2号線まで戻り、三原市を目指した。福山市街の西の端は芦田川、これを越えて山陽本線に沿って福山平野を歩く。松永の駅を過ぎて南へ向かうと海岸沿いの道になり左手に〝尾道大橋〟が現れ、前方を自動車道〝瀬戸内しまなみ海道〟が横切っている。これらはいずれも四国・今治市に通じている。自動車道の先に進むと、坂の町・尾道市の中心部に至る。尾道には13年前、広島から島根、鳥取県境の吾妻山、道後山を登った帰りにレンタカーで寄ったことがある。駅前の林芙美子像の側で昼食を摂り休憩した。尾道は三原市との中間点、その後三原市に向けこの日後半の歩きを開始した。

2号線は海岸に沿っていて歩き易く、三原市には前日より1時間少ない時間で到着した。前日と歩行距離がほぼ同じで所要時間が少ないのは、海岸沿いの平坦な道が続いたせいだと思う。三原市は三原城の城下町、三原名物だるま市を始め毎年様々なお祭りが行われているとのことである。

11月20日　三原市～東広島市　※距離39㎞、時間10時間半、時速4・1㎞

三原の市街を西に進むと道は2つに分かれる。左は海岸沿いの竹原市、呉市を経る海田町(かいたちょう)への道、右は山間部を山陽本線とつかず離れずに東広島を経由して海田町に達する2号線の道である。海田町は広島市の入口に位置している。私は幾分距離が短い山間部の東広島への右の道を選んだ。間もなく沼田川に突き当たり、それを上流へ辿ると本郷に至る。そこで橋を渡り西進するが、やがて道がまた2つに分かれる。右の山間部への道を進むとほとんど人家が途絶え、長い山の中の辛い歩きが始まった。午後になって右手に広島空港が見え、坂を下り頭上高くにある白いアーチ型の橋の下を通る。橋は〝広島空港大橋〟で空港と繋がっている。随分山奥に空港があると思ったが、歩いていたが故に空港が**遠い**山奥にあると感じたのだろう。道は山陽本線沿いに進むようになり、やがて南へと方向を変える。西条への標識が目立ち線路が近づく。あと少しでこの日のゴールと期待した。だが線路を越えても右手の駅への道が現れない。泊まるホテルは西条駅前にある。線路からどんどん遠ざかり、結局U字型に回り込み東広島市・西条駅に到着した。この日の行動時間は10時間半だが殊更長く感じた。

山間部の人家がない所を歩くと、後どのくらいで次の集落（部落、町）が現れるかと期待して歩く。期待が裏切られると精神的な疲れが増す。一方目的の市街地に入ってからが長いと、ゴールが先延ばしされる辛さを感じる。この日はその両方の辛さを味わった。

11月21日　東広島市～西広島駅　※距離38㎞、時間10時間、時速4・2㎞

この日のルートは山間を抜けて瀬野川沿いに南下、河口の海田町に出て広島市に入るもの。瀬野川沿いに山陽道を下ると、徐々に平坦地が拡がる。ほぼ一日歩いて夕方海田町に着いた。海田町の河口近くの橋を渡ると広島市・安芸区である。さらに西進し南区を通り、広島湾に注ぐ大きな川に架かる2つ目の橋を渡り中区に入った。ここから2号線を離れ元安川沿いに北の広島駅方面に向かう。広い道路に突き当たったが、その先には平和記念公園がある。そこから広島駅まではかなりの距離。広島駅へは行かず左折し広い道路を西に進むと、広島駅とほぼ同じ距離で西広島駅に至る。平和公園近くには予約した宿があり、この方面に進むとこの日の行動をすぐに終了できる。だが宿舎に着くのが遅くなっても西に少しでも歩いておきたい。左折して西広島駅に向かう。西広島駅に着いた時はこの日も日が暮れていた。そこから電車で広島駅へ、広島駅からは平和公園近くのゲストハウスまで歩いた。広島市に入ってからが長く、この日は市街地のゴール先延ばしの辛さを味わった。

11月22日、西広島駅～大野浦駅　※距離23㎞、時間5時間半、時速4・5㎞

夕方の便で仙台に帰る日である。日程を順調に消化し、前日には目指してきた広島駅を越え西広島駅に到達した。出発までの時間を休養、または観光に当てようかと思ったが、平和記念資料館などを登山で訪れた際に見学していた。今は次回の距離を少しでも短くしたい。電車で昨日到達点の西広島駅に向かい、昼頃まで宮島辺りへと歩くことにした。

この日の行動は計画に対してプラスα、余分な荷は広島駅のコインロッカーに置き身も心も軽く歩き出した。五日市、廿日市と街中を通り、その後海岸線に出て昼前にこの日目指した宮島口に到着した。世界遺産の厳島神社、宮島は登山で来た時に訪れていた。時間に余裕があったので赤い鳥居を左手に眺め、宮島に沿い大野浦駅へと足跡を延ばした。2号線から大野浦駅への道が複雑で時間をロス、大野浦駅から列車で広島駅に戻った。荷物を回収して着替え、満ち足りた気持ちでリムジンバスに乗車し空港に向かった。バスが空港手前の広島空港大橋を通過する際下の道路を眺めた。一昨日歩いて通った道が見え、その時の辛さを思い出す。その時から2日が経過、大野浦まで歩き今仙台への帰途に着いている。時間の経過のありがたさを噛みしめた。広島空港を離陸する際、下関への旅でもう一度ここへ来ようと思った。

◆大野浦から下関、＋博多への8日間

大阪から下関へと歩き出し、２０１４年11月にその半ばを越え宮島の先の大野浦に至った。それからは残りの区間を早く歩きたいと思い続け、年を越した春3月に大野浦～下関間を5日で歩く計画を作成した。その際下関からの帰途を新幹線で広島に戻り空路仙台に戻るか、福岡に移動し飛行機で仙台に直行するかと迷った。神戸から歩き出すまでは下関へ到達できれば満足、本州縦断成立を持ち徒歩の旅に

終止符を打つつもりでいた。しかし広島に達して下関到達が現実味を帯びると、徒歩の旅をその先へと続けたい気持ちが湧いてきた。関門海峡は歩いて渡れ、下関から福岡へと徒歩の軌跡を繋ぐことが可能。遠回りに思えた福岡経由の帰仙は時間、費用の点でもメリットがある。色々と考えた末に福岡まで行く方が良いと判断、中国道2回目の旅は下関までの5日間に下関～博多の3日間をプラスした。

それまでこの地域に来たのは、現職の時山口・湯田温泉で行われた研究会に参加した時だけ。その時は萩、秋吉台を見、小郡から新幹線で帰仙した。未知の地域を歩く気持ちで旅に出た。

2015年

② 大野浦駅～水城駅　本州西端下関、さらに関門トンネルを経て九州へ

3月11日　大野浦駅～玖珂駅　※38㎞、時間8時間、時速4・9㎞

仙台を出て空路広島空港へ、広島空港からバスと列車を乗り継ぎ午前中に大野浦駅に到着した。10kgほどのザックを背に、安芸灘に沿う2号線（山陽道）を快調なペースで飛ばす。大竹市を過ぎてすぐに県境を越え**山口県**和木町に入る。和木町からも思いのほか早く米軍基地がある町として記憶していた岩国市に着いた。岩国のホテルにチェックインしたが、時間の許す限り歩き、適当な駅から列車で戻って来ようと午後3時過ぎにホテルを出た。

錦川沿いに歩き、上流に名所〝錦帯橋〟のある臥龍橋を渡る。道は山間部に入り上りになるとトンネルが2つ続いて現れた。トンネル内は照明も明るく、歩道もしっかりついていて危険は感じない。だがトンネルの中の歩きはできれば避けたい。その後も狭い山間を走る岩徳線に沿って歩くが駅は現れない。日が暮れつつあり、地図からも駅の位置が読み取れず追い詰められた気持ちで歩く。3つ目のトンネルの手前に工事現場があった。そこで工事をしていた若者に駅までの道を聞くと、「トンネルを抜けてかなり先」と言われた。そのトンネルは「欽明路隧道」といい長さは1136m、これまでの最長である。進むしかないので意を決してトンネルに突入する。トンネルは整備されていたが、トンネルを抜けるとすでに日が暮れていた。暗い中長い坂を下り平地に出て駅を目指す。後ろから来た車が私の脇で止まり、「駅まで送る」と声がした。声の主は工事現場で私が駅への道を尋ねた若者、彼の親切に感謝しつつ車に乗ることができない訳を話し丁重に断った。徒歩の旅の辛さと闘いながら〝駅に着くまでは頑張ろう〟と歩き続け、午後7時を過ぎてようやく玖珂（くが）駅への標識を見た。辿り着いた待望の駅から列車で戻り、午後8時過ぎ岩国のホテルに着いた。遅くまで歩き体は疲れていたが、思った以上に歩くことができた。特に印象に残る風景、出来事はなかったが、仙台からの移動日を有効に使った満足感がある。〝明日からも頑張ろう〟という気持を抱き眠りに就く。岩国から玖珂まで、余分な荷をホテルに置いて歩いたので、移動日に8時間歩くことができた。

3月12日　玖珂駅～新南陽　※距離37㎞、時間8時間半、時速4・4㎞

玖珂駅から歩き出した山陽道は、安芸灘と周防灘を分ける半島の根元を横切っている。山間の道を進んで周東(しゅうとう)町を通り過ぎると半島を抜ける。左手に下松(くだまつ)への標識が現れ、それを見送り西進して周南(しゅうなん)市の中心部徳山に入った。この辺りの地名は馴染みがなく、周東、周南、下松と標識が出ても地図上の位置が思い浮かばない。岩国～徳山の線路名が「岩徳線」なのは、互いの頭文字を結びつけたのだろうと徳山に着いて初めて思った。また新南陽の駅が徳山駅と共に周南市の中にあり、南陽という市がないこともここで知った。海岸側の道を歩き新南陽のホテルに到着した。

3月13日　新南陽～新山口　※距離43㎞、時間10時間半、時速4・3㎞

この日の宿泊地はネットで検索して小郡と決めた。それまでは小郡は西の京、新山口はSLの走る駅のイメージを持ち、別々のマチだと思っていた。周南市の雰囲気を味わうことなく、早朝慌ただしく新南陽を出て小郡を目指した。歩き始めても富海(とのみ)までは山地に遮られて瀬戸内の眺めは得られない。富海からは瀬戸内沿いに進み、茶臼山を貫く2つのトンネルを抜ける。その先でこの日の中間点・防府市の市街に入る。防府には日本三大天神に数えられる防府天満宮、毛利氏庭園などがある。防府中心部を過ぎ、海から離れ直線状の道を北西の小郡へと目指す。途中で大きな長沢池を右手に見る。地図で覚悟していた長い山間部歩きを終えると昭和橋がある。これを渡ると遠いと思った小郡が近づき、新幹線手前で直角に左折し市街地に入る。小郡から新山口に駅名が変わった駅で市内の案内板を見る。宿泊先を確認しホテルに向かった。

3月14日　新山口～長府　※距離53㎞、時間12時間46分、時速4・4㎞

この日の宿泊地は本州西端の下関、そこまでの距離は70㎞ほどである。この日は40㎞を目処に歩き、その前後の駅から列車で下関に向かう。翌日にその駅に戻り、下関までを歩く2日がかりの日程を考えていた。西の京と言われた小郡、その雰囲気を味わうことなく早朝に市街地を抜ける。昨日道を分けた2号線のバイパスに行き当たり、この2号線を下関まで歩こうと緩やかなスロープを上る。しかし段差のある路側帯がなく、端に狭い白線があるだけ。壁こそないが静岡の自動車専用道路の雰囲気！　これ以上ここを歩くのは危険と、50ｍほど進んだ所で急いで引き返す。案の定通りかかったパトカーが私の傍らで止まった。パトカーと一緒に下に降りる。バイパスへの入り口には私が見落とした〝自動車専用道路〟の標識があり、バイパス区間だけ自動車専用道路となっていた。若い警官から住所、氏名を尋ねられ、「**家出**ではないだろうね？　**徘徊**ではないか？」と疑われた。私は自宅に問い合わせるのか？職務質問か？と反発した。行動記録のメモ、ＧＰＳを見せて徒歩の旅を納得してもらう。そこへもう1台のパトカーが110番通報があったと駆けつけてきた。若い警官が事情を説明し、110番パトカーは去って行った。彼に一般道への道を尋ねると、複雑で分かりにくいとスマホの画面を見せてくれた。その画面とコンピュータでプリントアウトした地図を照合し、その複雑な経路を確認した。「気をつけて」との好意的な言葉を背に、バイパスに沿う道を歩き出した。御伊勢山を大きく回り込み、部落を抜ける。自動車専用道路区間を終え、2号線と合流した。遠回りをしたが、後は下関への標識に従い気兼ねなく歩くだけと安堵した。

小郡からの宇部市、小野田市と海岸沿いの190号線ルートも魅力的であったが、私は宇部市、小野田市の北辺を横切り西進する2号線の道を選んだ。山が迫る狭間や狭い平野が交互に現れ、単調な景色が続く中を歩き続け厚東（ことう）を過ぎ厚狭（あさ）を通過した。この景色が終わると小野田市の区域、やがて山陽自動車道の埴生（はぶ）ICを過ぎる。道は海岸沿いになり、夕暮が迫ってきた。道路脇の畑で農作業していた老人に近くの駅への道を尋ねた。その老人に教えられた通りに木屋川を渡り、小月（おづき）を過ぎて一旦2号線を離れる。再び2号線に戻るとその先に長府駅があった。体力は限界に近く、ここでこの日の行動を終了しJRで下関に向かった。目処の40㎞を13㎞超え、行動時間は13時間近くで中国地方の最長を更新した。

3月15日　長府駅～(関彦橋、海底トンネル)～門司港駅　※距離26㎞、時間6時間、時速4・3㎞

関門海峡大橋（右奥）

列車で下関から長府駅に移動し歩き出す。長府駅から海岸通りを南西に進むと関門海峡を九州へ渡る白い関門橋が望見された。関門橋の手前で、海底人道トンネル入口の建物を見て通過する。ここからは下関市の海峡夢タワーを目印に下関市街へと歩を進める。下関駅前を本州最後の歩きと気合いを入れ通り過ぎ本州西端の地に向かう。左手に巌流島、正面に狭い海を挟んだ彦島が現れた。ここが本州の西端と判断し念のために関彦橋を渡った。

青森から1943・07㎞、60日で本州縦断が完成した。

下関駅からバスで午前中に通過した海底トンネル入口に向かう。〝みもすそがわ〟で下車し、エレベーターで地下50mの海底に降りる。移動には人力以外使わないできたが、他に手段がない。エレベーターは垂直移動で地図には水平面の空白を生じない。海底人道トンネルは全長780m、中ほどに福岡県との県境がある。ジョギングしている人もいて涼しい空気が吹き込まれ、海底トンネルの歩行は心地良かった。

門司側のエレベーターで60m上昇し地表に出る。〝ついに九州に足を踏み入れた〟と約9km歩く。レトロ感漂う門司市街に入り、門司港駅から関門トンネルを潜り下関に戻る。

3月16日　門司港駅～海老津駅　※距離35km、時間9時間半、時速4・0km

本州縦断完成の感慨に浸る間もなく朝一番の列車で門司港駅に戻る。門司港駅を出て暫くは海沿いの199号線を歩く。JR鹿児島本線の門司駅で陸側に線路を越え国道3号線に合流した。東北の4号、東海道の1号、中国道の2号と国道を歩いてきた。九州を縦貫する国道3号線は鹿児島が終着である。その3号線に沿って小倉へと南下する。小倉は北九州市・北区で、持参の地図には2008年に市の東方の足立山を歩いた軌跡の赤線が描かれている。八幡へ向かうには小倉市街に入った199号線から大きく南下して3号線に戻らなければならない。その道に迷い駅を中心に一周し時間をロスしてしまった。北九州市の八幡東区、西区と進むとその先で水巻町に達する。水巻駅を通過し遠賀川橋を渡り遠賀町に入る。さらに歩き続け山田峠を越えて岡垣町に至った。知らなかった町が次々に現れたが、それぞれの町の間は歩く身には長く感じる。岡垣町の海老津駅でこの日の行動を終了しJRで博多駅に向かった。

3月17日　海老津駅～博多駅　※距離41㎞、時間11時間、時速4・2㎞

朝電車で戻った海老津駅から歩行開始。余分な荷物はホテルに置いてきた。この日の歩行平均時速は前日比僅かプラス0・2㎞、旅の後半で疲労が蓄積していたと思う。

海老津から城山トンネルの上を歩き、3号線から分かれて右に曲がる県道97号線を西進し宗像市に入った。このマチの人とは7メガ（周波数）で無線交信したことがある。赤間駅を通過して福津市に入り、国道495号線と合流すると海岸沿いを辿る。博多へと進むこの道は陸側の3号線より直線的で距離が短い。そのまま南下し南北に長い古賀市を抜けると、福岡市・東区、右手に博多湾の入り江を見る。やがて香椎駅近くで3号線と合流し、西進すると御笠川に突き当る。この川は博多駅の東を北へと流れ、博多湾に注いでいる。川に沿って歩き新幹線と交差する上流で川を越える。程なく博多駅東側に着き、出発前に目指した博多（福岡）に徒歩で到達した。

3月18日　博多駅～大野城市・水城駅　※距離14㎞、時間3時間半、時速4・3㎞

この日は福岡空港から午後の便で仙台に帰るだけである。前日に下関の次の目標にした博多まで歩き、今回は靴擦れもなく体調も悪くない。雨模様だが午前中に可能な限り歩こうとホテルを後にした。博多の外れで高速道高架橋などに惑わされ道を見失う。気付いた時は福岡空港の滑走路脇、迷った高架の先まで戻り雨の中を大野城市へと進む。西鉄大野城を目指したが、駅への標識が見当たらず通り過ぎてしまった。大野城の次の駅へと歩くと、小さな橋を渡った先の右手に外食チェーン店のCがあった。雨で濡れるのを防ぐため、女性の店員が幟を仕舞いに外に出ていた。次の駅への道を聞くと、店に導き入れ座席を勧めてくれた。私の雨具は雨で濡れていて遠慮したが、構わないと言われその親切をありがたく受けた。彼女は「道が複雑で雨だから、車で駅まで送る」と言ってくれた。だが私は徒歩の旅の話をしてその親切は辞退した。するとネットで地図をプリントアウトし、それを渡してくれた。そのおかげで迷うことなくＪＲ水城(みずき)駅に着くことができ、感謝感激！　博多から水城に足を延ばし、２８５㎞歩いた旅が最後に九州人の親切を受けて終えた。

水城から鹿児島市へ歩くことを明確に意識し、その楽しみを残して仙台便に搭乗した。

◆下関と門司

関門海峡を挟む2つの都市、下関は本州西端、門司は九州歩き始まりの地である。この2つの都市は関門橋、海底の関門トンネル、関門人道トン

パトカーに家出、徘徊を疑われ、護衛され、度々呼び止められるパトカーと縁のある旅

本文でもふれたが、3月14日小郡を出る所でパトカーに呼び止められ家出、徘徊を疑われた。第2章静岡では自動車専用道路をパトカーに護衛されて歩いたことにもふれた。これらは歩行禁止の自動車専用道路に入り込んだ私の不注意による出来事であった。

この他これから述べる第2部・根北峠付近で110番通報で上がって来たパトカーに職務質問された。また国道でパトカーから注意して歩くように警告?を受けたりもした。度々出会ったパトカーは私の様子を伺うように減速した。これらは今時国道を歩く者は少なく、テロ、犯罪に繋がるかと警戒されたと思う。郊外の国道を歩くことがそんなに注意を惹くかと思い、その時顔を上げてわざとゆっくりと歩いた。

北海道の山奥で徘徊（?）で行方不明の老人の捜索のパトカーに2日間で3台呼び止められた。山口で徘徊を疑われた私が徘徊捜索の協力を求められ、パトカーとは何かと縁のある旅であった。

ネルなどで結ばれている。

下関はシンボルの海峡夢タワー、下関駅とモダンな雰囲気の建物がある一方、史跡や日清講和記念館、旧下関英国領事館などの歴史を感じさせる建物も多い。

九州の玄関口門司にはルネサンス式の門司港駅、その近くには赤煉瓦の旧門司税関がある。門司港駅の近くには九州鉄道記念館駅があり、門司港レトロ観光列車「潮風号」が関門海峡めかり駅との間を往復していた。明治時代の建物もあり、レトロな雰囲気を醸し出している街であった。下の写真は2006年の焼失後建て替えられた下関駅である。JR西日本、JR九州、山陽本線、JR貨物の4つの線が乗り入れている。

◆中国地方を歩いて

1回目は明石、姫路、岡山、倉敷、尾道、広島と比較的大きな街を通過し、歴史を感じた。瀬戸内の海岸沿いを歩き、その風景を見て気持ちも和んだ。苦しかったのは赤穂~岡山間の50㎞を超えた1日と、三原~東広島間の山間部歩きであった。11月で朝は寒かったが東北のような紅葉、落ち葉は目立たず季節感が薄かった。

下関駅

2回目の難関は、最初の岩国～徳山間の長いトンネルのある山間部。移動初日に玖珂駅まで歩きこれを乗り切った。次に困難に思っていたのは新南陽～新山口までの山中を通るルートと、新山口から下関間の70㎞を超える長さである。新山口までを辛抱強く歩き、長府駅まで一日53㎞歩いたことで下関到達が可能になった。

中国山地には高い山がなく、登った山も見えなかった。特徴のない景色、平野歩きが続いた。その中で歴史でしか知らなかった旧地名にふれ、合併でできた新しい町も知った。冬が終わり春の訪れがこれからという時で、木々の芽吹きや花々の開花は見られなかった。パトカーの警察官、工事現場の若者、外食店の女性とこの旅でも人の親切を感じた。

第5章

水城駅から鹿児島港 有明海沿いを歩き最後に桜島の噴煙を見る

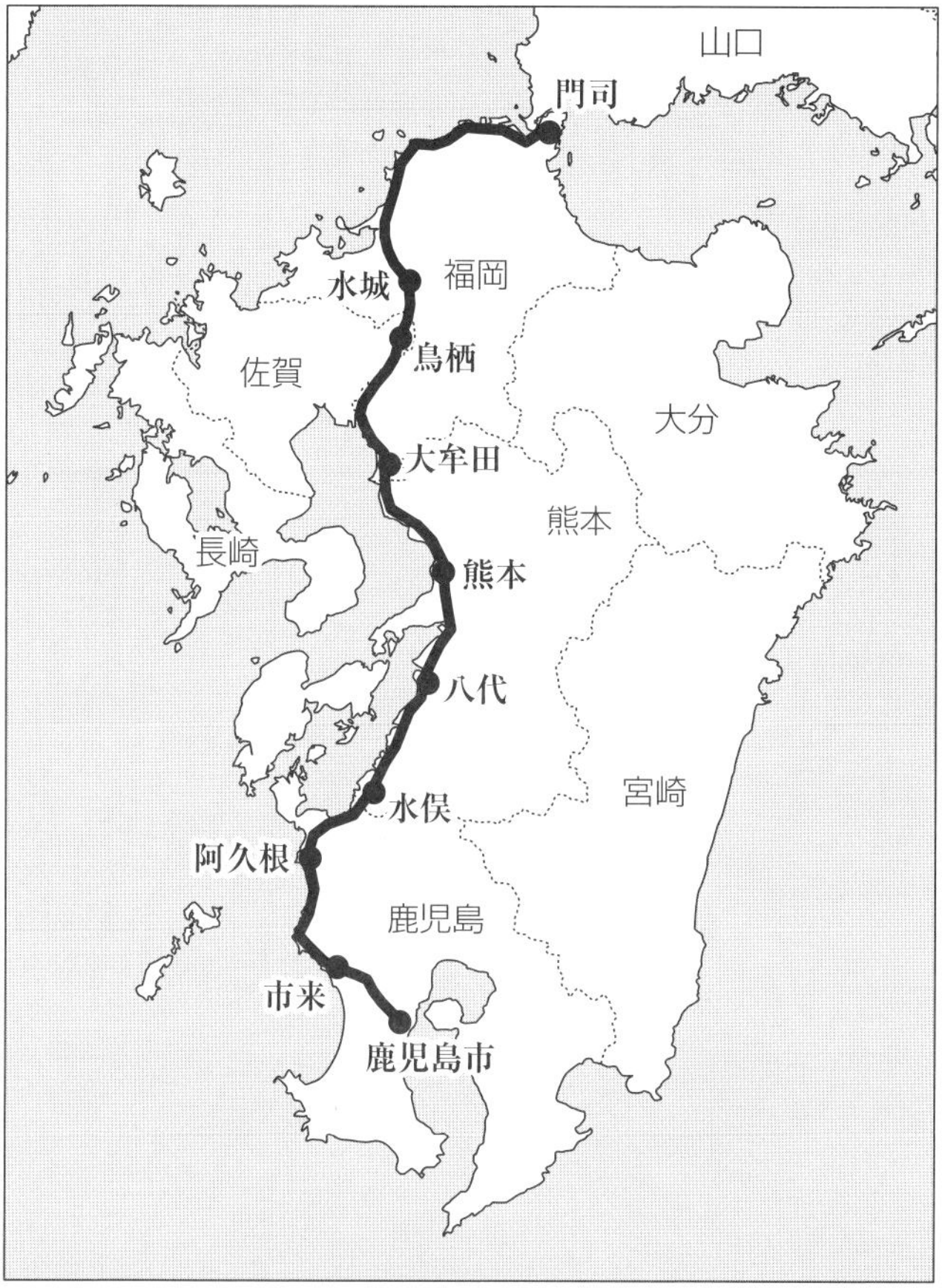

※（　）内の距離はkmに四捨五入した数字

2016年

水城～鹿児島　327・67km（実測値）

水城駅（23km）鳥栖市
鳥栖市（45km）大牟田市
大牟田市（50km）熊本市
熊本市（39km）八代市
八代市（27km）海浦駅
海浦駅（38km）米ノ津駅
米ノ津駅（36km）薩摩高城駅
薩摩高城駅（32km）市来駅
市来駅（39km）鹿児島港
総計は実測値より1kmオーバー

徒歩日数	9日
徒歩時間	96時間26分
通過市町村	27

※参考・門司海峡～水城駅間　98km（前章に記述）

鳥栖（門司）～鹿児島市徒歩の軌跡

九州縦断・鹿児島港への9日間の旅

2015年3月本州縦断を終えた勢いで下関から関門海底トンネルを潜り、門司から博多を越え大野城市・JR水城駅まで足を延ばした（前章）。それ以来水城から鹿児島まで早く歩きたいと思っていた。この年は4月に台湾、12月にメキシコと海外の登山に出かけた。九州は夏を避けて歩こうと思っていたので、水城から鹿児島への旅は翌年に持ち越した。2016年は4月にヒマラヤのカラパタール（5545m）トレッキングに出かける計画を立てていた。その前の春3月にその足慣らしを兼ね、鹿児島まで一気に歩くことにした。

福岡から鹿児島に至るルートを2通り考えた。一つは日向灘に沿って大分県、宮崎県を経由する東側のルート、もう一つは有明海、八代海に沿っての西側のルートである。東側は一日で歩く行程に宿泊地がなく、それを補う日豊本線にも適当な駅が見当たらない区間がある。

一方西側は鳥栖～大牟田約45km、大牟田～熊本約50km、八代～水俣約45kmと40kmを超える区間が3つある。鳥栖～大牟田～熊本間を2日間で歩くことができれば、残りの問題は八代～水俣の山間に入る区間である。八代～川内間には**肥薩おれんじ鉄道**があり、この間の駅の間隔は長くない。八代～水俣間も含め予定の地に到達できない場合、この間にある駅を利用することで到達点と宿泊地との往復に対応できる。私は水城から鹿児島まで有明海沿いの西側ルートを取ることにした。

水城から鹿児島本線沿いに鳥栖、大牟田、熊本、八代、さらに水俣、阿久根、市来と宿泊して鹿児島市に至る。鳥栖～熊本間は国道3号線と離れるが、大部分は3号線を有明海に沿い鹿児島まで歩く。徒歩日数9日、予備日1日の10日間の日程を考えた。

2016年

3月11日　水城駅～鳥栖駅　※距離23㎞、時間5時間半、時速4・3㎞

前年の春海外登山の合間に帰省を利用し、長万部～札幌間を歩いていた。北海道の残りは札幌～留辺蘂間となり、ネパールから帰国後にそこを歩くつもりでいた。その前にこの旅で九州縦断を終了させておきたい。そうすると北海道を歩き切ることにより、オホーツク海の網走と鹿児島港までの徒歩の軌跡を繋ぐことができる。

朝仙台を出て空路福岡へ、博多からＪＲで午後1時過ぎ水城駅に着いた。水城駅からの一歩一歩が大きな目的に近づく。私は水城駅でワクワクする気持ちでＧＰＳの電源を入れスタートした。10日分の荷を入れた背中のザックは苦にならない。

この日は半日の歩行で、20㎞先の鳥栖駅まで歩く予定である。水城駅から鹿児島本線踏切を越え、国道側へと進み3号線に合流した。この3号線は西鉄天神大牟田線、自動車道と交差する。左手奥に太宰府天満宮、宝満山を見て太宰府市を進む。天満宮は観光で、宝満山は登山で訪れたことがある。築紫野市に入り、西鉄、ＪＲ筑豊線を連続して越える。希みが丘を過ぎると**佐賀県**の基山（きやま）町で、けやき台駅前を通過する。国道3号線をそのまま進むと宿泊先の鳥栖駅前から離れていく。どこかで右折し、ＪＲ線を西に越えなければならない。夕闇が迫り、持参した分県地図ではその道が読み取れない。通り過ぎを警戒し、基山駅を過ぎてから2度早く右折してしまった。姫方町という所で3度目の右折をし、ＪＲ線を越えて正しい道に入った。鳥栖駅は次に現れた田代駅のさらに先にあった。

3月12日　鳥栖市〜大牟田市　※距離45㎞、時間12時間、時速4・1㎞

熊本までは自動車道を使っても90㎞を超え、一般道では１００㎞近くになる。これを2日で歩くための宿泊地として、その中間の大牟田市を選んだ。大牟田まで約45㎞の行程である。この日は厳しい歩きになると覚悟し、早朝にホテルを出発した。

ホテルを出て北に大きく回り込み、その後線路の東側に出る。3号線には合流せず、鹿児島本線と3号線の間の道を南下する。基山町と鳥栖市は佐賀県の北東部、それぞれの僅かな区域が福岡県に食い込んでいる。新浜橋を渡ると再び福岡県に入る。福岡県の最初の都市は久留米市である。久留米市というと久留米商業高校の甲子園の活躍を思い出し、大学時代同じ下宿の後輩の出身地としても記憶していた。3号線は久留米の先の八女市で山間部に入っていく。3号線と鹿児島本線に挟まれたこの道は、久留米から国道２０９号線として鹿児島本線と共に海岸沿いを南下して大牟田市に至る。２０９号線は筑後市を過ぎみやま市の瀬高駅手前で、東側から西側へと鹿児島本線を越える。西鉄天神大牟田線が右手に並ぶようになり暫く進むと、鹿児島本線を西から東へと逆に渡り返す。そのだいぶ先に大牟田市街があった。日が暮れていて、入り組んだ路地の先にあるホテル探しに手間取る。

3月13日　大牟田市〜熊本市　※距離50㎞、時間13時間、時速4・0㎞

熊本市まで約50㎞、今回の最長区間で何としても到達したいと早朝6時に出発した。

大牟田市は福岡県の南端、出発してすぐに熊本県・荒尾市に入る。熊本への道は国道208号となって内陸に向かい、名前だけは知っていた玉名市へと進む。その市内には入らず、バイパス気味に通り過ぎる。菊池川に架かる橋から見下ろすと、地図に記載されている九州自然歩道が川辺に見えた。夕方近くになり植木町に入り3号線と合流、右折して熊本市街を目指す。熊本城の標識を見てもう一息と歩くが暗くなり城の周りを一周、おまけに雨が降った後の水溜まりに靴を突込み靴下まで濡らしてしまった。暗くて雨、雨具をつけた状態で靴下を履き替えるゆとりがない。熊本駅近くのホテルは間近と思い、濡れたままで歩く。ホテルまでは結構距離があり、その間に踵に靴擦れができた。2日間で難関の区間を抜けたが、靴擦れを起こしたことは想定外であった。

3月14日　熊本市〜八代市　※距離39㎞、時間13時間40分、時速3・3㎞

晴天で東の方向にはカルデラを伴う阿蘇の山並みがある。阿蘇山には登山と観光で2度訪れている。歩き出してすぐ靴擦れが気になる。ペースも上がらない、今日は行ける所まで行こうと途中リタイアを覚悟し歩くペースをさらにダウンした。3号線は熊本平野を鹿児島本線と並び宇土市へと南下している。宇土市からは山沿いに膨らむ3号線と分かれ、八代の中心部に直進する道を進む。宇城市に入ってすぐの松橋で、右折する所を通り過ぎ大きく回り込み時間をロスした。このことは靴擦れの痛さ以上に痛かった。

県道14号線で八代への道に戻り、八代平野の中の平坦な長い道を歩く。氷川町を過ぎ海士江（あまがえ）という所から八代市に入ったが、ホテルのある中心部までは靴擦れを悪化させた足にとっては遠かった。市房山登山の時レンタカーで走った八代の記憶がホテルへの判断を狂わせる。ホテルへの道に不安を覚え、午後7時過ぎコンビニでホテルまでの道筋と時間を聞く。その時ザックを降ろし蛍光反射タスキを外したが、それを掛け忘れて出発してしまった。八代駅の前で山沿いに来た3号線に合流し、前川縁のホテルに足を引き摺って到着した。午後8時過ぎリタイアこそしなかったが、靴擦れと戦った14時間近くの厳しい一日であった。

ホテルにチェックインの際、30代のフロント氏が話しかけてきた。私の胸ポケットに入れたGPSを見て、自分も〝GPSおたく〟だと言う。そこでGPSの話、私の徒歩の旅に話が弾んだ。私の靴擦れを見て、奥から消毒薬と絆創膏を持ってきてくれた。彼の親切に包まれた足をベッドに横たえ、疲れを癒やす眠りについた。

3月15日　八代市～海浦駅　※距離27㎞、時間11時間半、時速3・1㎞

朝起床すると踵に昨晩ほどの痛みはなかったが、夜中に絆創膏が剥がれシーツを汚してしまった。この日の宿泊地は50㎞近く先の水俣市、出発前から1日での到着を心配し列車の利用を考えていた区間である。歩き出すと靴擦れは前日よりもひどく、どこで鉄道に乗り水俣に向かうかと考えながら歩く。出発してすぐ前川、球磨川に架かる2つの大きな橋を続けて渡る。この両川は少し先の下流で合流している。やがて右手に干拓地のような地形を見、左手のおれんじ鉄道に沿い南下する。鹿児島本線は八代から川内まで、第三セクター「肥薩おれんじ鉄道」の運行になる。日奈久（ひなぐ）で干拓地らしき地形が切れ、肥後二見駅で3号線は鉄道と分かれ山間部に入る。二見川を上流に進み二見赤松町の小集落を過ぎ、その先で赤松隧道を通り抜けて芦北町・田浦（たのうら）へと出る。御立岬（おたちみさき）のある田浦湾を見て線路沿いに歩き海浦（うみのうら）という集落に至った。この先には長さが1577mの佐敷（さしき）トンネルがあり、ここから水俣までは25km以上ある。夕方になり、足の状態からもこれ以上は無理と判断、左手上にある海浦駅からおれんじ鉄道で水俣に向かった。車両には熊本県のキャラクター〝くまモン〟の人形が鎮座していた。これ以後3回この鉄道を利用した。この日は30kmに満たず時速も3・1kmと昨日よりさらに落ち、この旅で最も厳しい数字の日となった。

3月16日　海浦駅〜米ノ津駅　※距離38km、時間11時間、時速3・8km

　水俣から不安を抱え列車で海浦に戻った。海浦駅を出てすぐに長い佐敷トンネルに入る。トンネルの長さ約1・6kmはこれまでで最長、トンネル内の設備は良く、さほど危険を感じなかった。トンネルを抜けるとすぐに右手に海が覗く。海沿いの芦北の町の中心部に入り、なおも線路伝いに進むと道はまた山間に入っていく。長い津奈木（つなぎ）隧道を抜け、蛇行した道を海に向かい津奈木町に至る。そこからまた山間部へと進み、小津奈木という集落を過ぎると今朝出発した水俣市に到達した。小学生の頃ニュース映画で見た、メチル水銀による公害・水俣イタイイタイ病の痛ましい映像が朧気ながらも蘇る。今回は宿泊し通り過ぎるだけの町になったが、再訪の機会を持ちたいと思い通過した。

水俣市は熊本県の南端、次の袋駅を過ぎるとその先が**鹿児島県**であった。取り敢えず鹿児島県までは来た。靴擦れは傷バンドで防護したので、痛みが和らぎ昨日ほどの影響がなくなった。次に現れた米ノ津駅で少し早めに行動を打ち切ることにする。夕暮れの中、米ノ津駅の乗車口探しに戸惑う。昨日行程を短縮した影響で、この日も宿泊地阿久根に到達できなかった。列車で向かった阿久根で駅から先の日本式旅館に宿泊した。

3月17日　米ノ津駅〜薩摩高城駅　※距離36㎞、時間10時間、時速3・9㎞

昨夕乗車した米ノ津駅へ列車で戻り歩き出す。鉄道は間もなく左にカーブし出水市内に向かっている。3号線はそれを左に見、平野部を直進していた。その道中〝鶴の飛来地〟の看板を見る。下餅井で出水市からのおれんじ鉄道に合い、今朝出発した阿久根市街に至る。3号線は阿久根を出て高之口へと進み、海岸沿いの鹿児島街道と呼ばれる道となる。夕方近くに大川の道の駅〝阿久根〟に着き休憩した。そこで休憩中に60代と思われるオバチャンが話しかけてきた。旦那の車で来た彼女との会話は次のようなものであった。

♀「今朝歩いている所を車で追い越した。鹿児島へ行って帰ってくる途中だが、随分歩いたネ」

♂「今朝は米ノ津から、6日前に福岡から、何年か前の青森から歩く旅を続けている」

♀ 指で〇を作り「お金が大変だべ」

♂「…」

道の駅を出発した後、西方で海に浮かぶ人形岩と、その先のトンネルを見た。地図によると、トンネルを抜けた先に薩摩高城(たき)駅がある。東シナ海に夕日が沈みかけていて、この日の行動は高城駅を終点と定め短いトンネルを抜けた。高城駅から列車で向かった先は、いちき串木野市である。串木野駅の1つ先の神村学園前で下車しホテルに向かった。阿久根からいちき串木野市まで一日で到達可能と宿泊地に選んでいた。

3月18日　薩摩高城駅～市来駅　※距離32㎞、時間9時間、時速3・7㎞

列車で薩摩高城駅へ戻る。朝から雨で、上下セパレートの登山用雨具を着けて出発した。3号線は薩摩半島の付け根の草道(くさみち)で内陸へと入る。すぐに川内原子力への標識を見、地震・津波に襲われた福島原発事故を思い起こす。雨の中、発電所が近い立地に不安が過る。鹿児島本線沿いの道は薩摩街道とも言われ、水引町から川内市(せんだいし)へと続いている。昼近くに上川内駅を通過した。次の川内駅はすぐと思い、そこで昼食・休憩にしようと歩き続けた。しかし川内駅は川内川を越えた先で、国道からは僅かながらも離れていた。雨が降り続いていたので駅舎で休みたかった。でも駅への僅かな寄り道が苦になり駅を素通りした。この日の行程の半ばを越えても雨は降り止まず、川内からの雨の中の山道歩きは殊更長く感じた。木場長茶屋町という地名の所から一旦近づいた線路が遠ざかり、その後も雨が降り続いて山道を優れない気持ちで歩行した。串木野市街に入り、串木野駅まではと歩くうちに幸い雨が小止みになった。まだ明るかったので串木野駅を過ぎて歩き続け、朝乗車した神村学園前駅のさらに一駅先の市来駅でこの日の徒歩を終了した。一日中雨が降り続いたのは徒歩の旅で初めて、その影響か移動距離は30㎞を少し超えただけであった。着替えもせずに鹿児島行きの列車に乗車、列車の中では寒さに震えていた。

到着した鹿児島中央駅から歩いて中心部の天文館へ行き、ホテルにチェックインした。靴擦れのせいで水俣から半日遅れの日程となったが、足も気にならなくなり明日にはゴールできそうだと確信した。

3月19日　市来駅～鹿児島港　※距離39㎞、時間10時間半、時速4・0㎞

鹿児島中央駅から市来駅へ戻り、鹿児島市へ向け歩き出す。雨も上がり天気は良好、サブザックで荷も軽く足の状態もそれほど気にならない。まあまあのコンディションであった。

3号線の距離標識

市来駅からは大凡鹿児島本線沿いに進み、湯之元駅前後で少し離れる。やがて伊集院手前で鉄道は南東へ曲がる。3号線は東進し線路とは大きく離れ、麦生田を過ぎると左手から328号線が合流、その先で甲突川に突き当たる。道はここで大きく向きを変え川沿いに鹿児島市街へと南下する。空港への自動車道を潜り、城山の標識を見ても市街地はまだ先であった。鹿児島本線を越えると待望の鹿児島市街に入る。右折すると鹿児島中央駅だが、私は左折し鹿児島駅へと向かった。鹿児島駅は予想に反してガランとしていて殺風景であった。鹿児島駅から引き返し、電車通りに出て鹿児島中央駅まで歩いた。ここでこの日の行動を打ち切った。鹿児島市まで来て九州縦断が終了した。いつものようにホッとし、明日は鹿児島港まで歩き、鹿児島市内観光を楽しもうと思った。

鹿児島のゴールと考えている地点は3つあった。1つは**鹿児島駅**、「鹿児島駅」の駅名が気になり足を運んだ。2つ目は**鹿児島中央駅**、現在鹿児島県で最も大きい駅である。3つ目は**フェリー埠頭**で海岸をゴールとしたかった。翌日の予備日にホテルからフェリー埠頭まで歩き3つとも水城からの軌跡と繋げた。

門司からその地点までの距離が1km毎に道路脇に表示されていた（他の国道にもある）。今回私のGPSは水城から328kmを記録していた。これに門司海峡～水城98kmを加えると、私の九州縦断は426kmとなった。

※GPSは0・01kmまで測定している。本文ではそれをkmに四捨五入した数字を用いた。四捨五入しない数字とは差がある。

◆九州を歩いて

九州は1975年に九重、阿蘇、祖母、霧島、開聞岳と百名山を巡った時が最初で、その後屋久島の宮之浦岳などの登山だけでも6回、観光を兼ねた旅行で5回は訪れている。レンタカーでも随分走ったので、中国地方より土地勘はあり、馴染みの地名が多かった。前年中国地方の延長で九州に足を踏み入れ、今回実質9日（門司からは合計12日）で一気に鹿児島湾に達した。これまで徒歩の旅で雨に遭ったのは夕方大阪に入った時と、水城へ歩いた半日で、一日中降り続いたのは、今回の8日目の1日だけである。また熊本市に入る時水溜まりで靴を濡らし、それが原因で靴擦れを起こした。その後の行動に影響が出て、4日目から8日目まで平均時速は3㎞台、5日目は3・1㎞とこれまでの最低になった。しかし最後の3日間は、踵の手当と歩きたい気持ちで思いのほか歩くことができた。全日程を歩き切り、この経験を以後の旅に生かそうと思った。九州の旅を思い出す時、八代のGPS氏の靴擦れへの気遣いがいつも浮かんでくる。

城山公園から錦江湾を挟んだ桜島と鹿児島市街

季節は春で8日目の雨の日を除いて天気も良く、沿道に菜の花が咲く景色は有明海、東シナ海の海岸、阿蘇の山の姿と共に懐かしく美しい印象を残してくれた。

この旅の1年後、熊本大震災が起こった。通過した熊本市、熊本城を始めその周辺の市町村の被害を映像などで見聞きし、親切に接してくれた人々のことを思い心を痛めた。またその後異常気象による降雨災害が熊本地方を襲った。八代近辺の宇土市、芦北町、球磨川流域市町村の災害からの早期復旧を祈る日々があった。訪れた地に良いニュースがあるとその旅を思い返して喜び、災害が起こると東日本大震災を思い起こし自分の経験と重ね合わせ心を痛めた。

鹿児島空港から羽田、東京から新幹線で仙台へ帰る際、この区間は全て自分の足で歩いたと新たな感慨が湧いてきた。

前の写真は城山公園から鹿児島湾（錦江湾）を挟んだ桜島と鹿児島市街。鹿児島到達の翌日城山公園から撮影した。

鹿児島駅は左の陸地が切れる辺り、鹿児島中央駅は右手画面の切れた先にあると思われる。

フェリー埠頭は画面の中央辺りか？　鹿児島の最大の繁華街・天文館は画面右上辺りだろう。

鹿児島市内には旧薩摩藩の遺構や明治維新以降の史跡も数多くある。市内には市電が走っていて移動に便利、城山公園にはバスで往復した。

鹿児島というと芋焼酎の産地、下戸の私はその雰囲気を味わうことができなかった。食べ物の記憶は食通でないので、黒豚ラーメンを食べたくらいか……。鹿児島市滞在は3度目であった。この後佐多岬の旅で2度鹿児島市に宿泊した。

見掛けと中身

この旅を続けてきて、宿泊地に到着した時前の出発地から歩いて来たことを度々驚かれた。私は多く人の旅の記録を見、私の体験した登山に比べ見劣りはすれども感心されるほどのことではないと思っていた。今考えると当時は意識していなかった見掛け（老人）を見ての言葉だったと思う。

グアテマラのタフムルコに登頂した時、ガイドが頂上の写真をメールで奥さんに送信した。その返信が〝こんな年寄りが？〟、ガイドの返信は〝見掛けと違う〟で複雑な思いをした。第2部に入り、体力低下で度々救いの言葉を掛けられた。髪もなくなり老人を自覚している今は、見掛けの判断からの言葉に納得である。

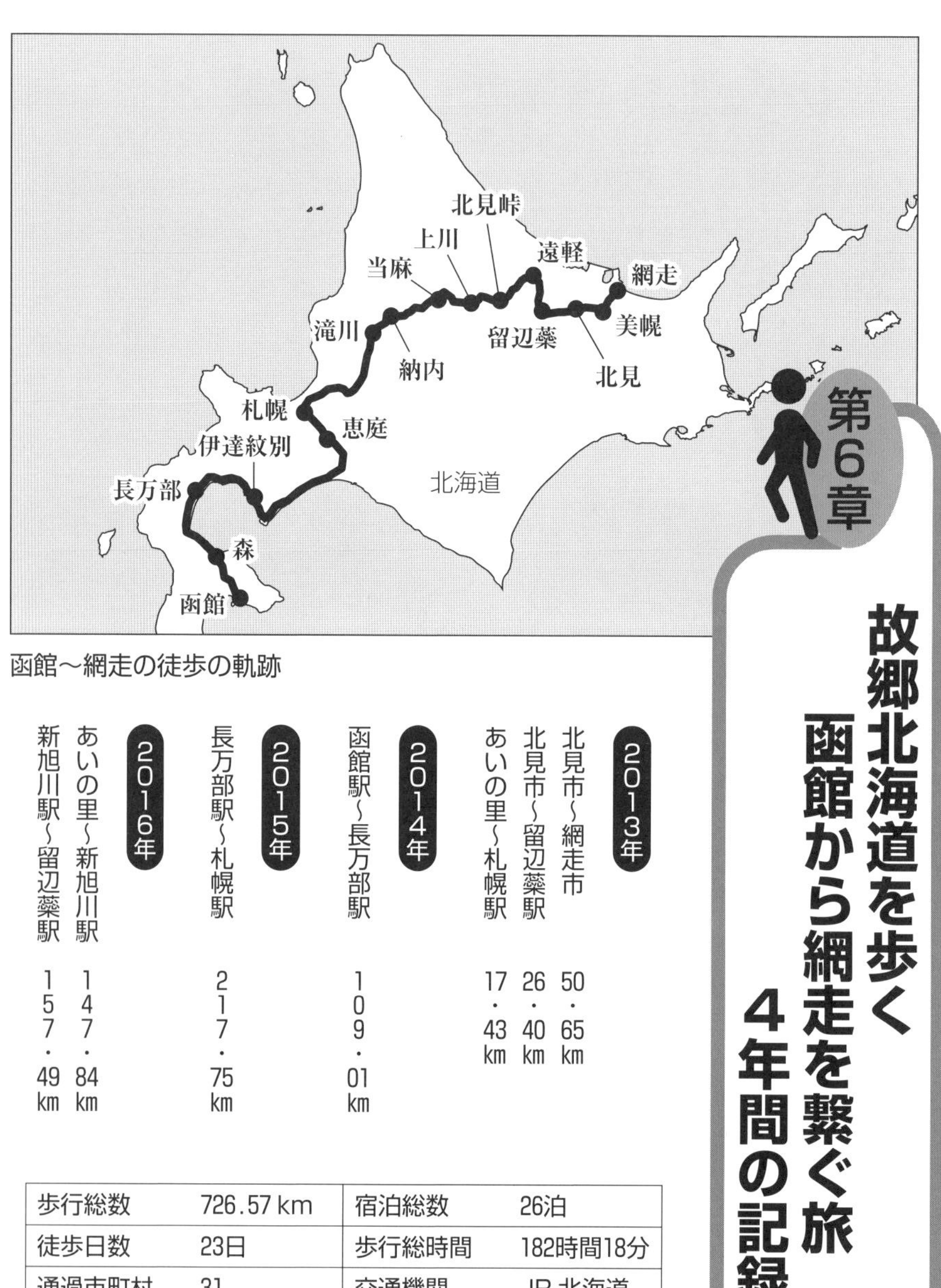

函館～網走の徒歩の軌跡

第6章

故郷北海道を歩く 函館から網走を繋ぐ旅 4年間の記録

2013年

北見市～網走市　50・65km

北見市～留辺蘂駅　26・40km

あいの里～札幌駅　17・43km

2014年

函館駅～長万部駅　109・01km

2015年

長万部駅～札幌駅　217・75km

2016年

あいの里～新旭川駅　147・84km

新旭川駅～留辺蘂駅　157・49km

歩行総数	726.57 km	宿泊総数	26泊
徒歩日数	23日	歩行総時間	182時間18分
通過市町村	31	交通機関	JR 北海道

郵　便　は　が　き

料金受取人払郵便

大阪北局
承　認
246

差出有効期間
2024年5月31日まで
※切手を貼らずに
お出しください。

530-8790

156

大阪市北区曽根崎2－11－16
梅田セントラルビル

清風堂書店
愛読者係　行

愛読者カード　ご購入ありがとうございます。

フリガナ		性別	男　・　女
お名前		年齢	歳
TEL FAX	(　　)	ご職業	
ご住所	〒　　－		
E-mail	@		

ご記入いただいた個人情報は、当社の出版の参考にのみ活用させていただきます。
第三者には一切開示いたしません。

□学力がアップする教材満載のカタログ送付を希望します。

●ご購入書籍・プリント名

●ご購入店舗・サイト名等（　　　　　　　　　　　　　　　　　　　　　）

●ご購入の決め手は何ですか？（あてはまる数字に○をつけてください。）

1．表紙・タイトル　　2．中身　　3．価格　　4．SNSやHP
5．知人の紹介　　6．その他（　　　　　　　　　　　　　　）

●本書の内容にはご満足いただけたでしょうか？（あてはまる数字に○をつけてください。）

たいへん満足　5　4　3　2　1　不満

●本書の良かったところや改善してほしいところを教えてください。

●ご意見・ご感想、本書の内容に関してのご質問、また今後欲しい商品のアイデアがありましたら下欄にご記入ください。

ご協力ありがとうございました。

★ご感想を小社HP等で匿名でご紹介させていただく場合もございます。　□可　□不可

★おハガキをいただいた方の中から抽選で10名様に2,000円分の図書カードをプレゼント！
当選の発表は、賞品の発送をもってかえさせていただきます。

◆計画に当たって

私は北海道オホーツク管内遠軽町の生まれで、父親の転勤に伴って美幌、中湧別と居住地が変わり、小学校3年生で北見市の小学校に転校した。それから高校卒業まで北見市で過ごした。北見は玉葱の産地であるが、戦前は「野付牛」とよばれており、薄荷の生産が世界一であった。私の子供の頃には薄荷工場が駅の近くにあり、薄荷の匂いが漂っていた。現在の北見の代表的な名産物、土産物の中にハッカ飴、ハッカ豆、ペパーミントクッキーなどがある。物心がついてからの大部分を過ごした北見市は私の故郷である。

北海道は明治以降に本格的に開拓され、それ以前の史跡はほとんどない。私は江戸時代以前の歴史がある本州（内地）に子供の頃から憧れを持っていた。仙台の大学を志望したのもそれが関係していたと思う。徒歩の旅でも北海道はいつでも歩けると後回しにし、専ら本州各地を歩いていた。東海道を歩き始めた頃年に数回の帰省の折に北見周辺を歩き出し、東海道歩きが終わる頃には網走と留辺蘂間を歩き終えていた。その後本州、九州の徒歩の旅、海外旅行の合間に、並行して北海道の函館～長万部～札幌、札幌～旭川、旭川～留辺蘂（るべしべ）を歩き、網走～鹿児島間の徒歩縦断に繋げた。

妹夫妻は北見で一人暮らしをしていた母を、数年前に札幌の自宅に迎え入れ同居、面倒を見てくれていた。また母を車に乗せ、空き家となった実家の手入れに度々北見に行っていた。車で6時間ほどかかる北見まで、私も帰省の折りに同乗させてもらった。網走～留辺蘂、難関の北見峠越え、留辺蘂のゴールまでのサポートはこの際に受けた。この章では2013年～2016年にかけて歩いた北海道の全記録、紀行文を掲載した。

2013年

北見〜美幌

8月26日　※距離22㎞、時間5時間、時速4・4㎞

母、妹夫妻との北見滞在中の1日を利用して美幌まで歩く。

実家は北見市の東部にある。自宅前の道路を6軒先に進むと、旭川から網走に至る国道39号線に出る。網走へはこの国道を左に進み、約4㎞先で端野（たんの）に入る。端野は元端野町であったが、合併で北見市に編入されている。2006年の半年間、父親の介護で帰省の度に北見市内をGPSを持ち歩いていた。その折りに端野まで歩いた軌跡は既に保存している。端野からが新たな軌跡で、端野神社（神主は従姉妹のご主人）を過ぎ常呂川（ところがわ）を渡ると緩やかな上りとなる。この常呂川の上流は小学校の頃の釣りや水遊びの場であった。

道路は幅広い4車線、観光バスも通り現在は営業してないが途中にドライブインもあった。上りを終えると長い平坦な歩きになり、その先で下りになる。やがて左手に道道104号線の入口が現れる。この道道を少し進むと〝鎖塚〟がある。明治時代に札幌から網走に至る軍用・開拓用道が〝中央横断道路〟

として建設され、北見～網走間は網走刑務所の囚人も使役に駆り出された。鎖塚は過酷な労働で死亡した囚人が、鎖で繋がれたまま埋葬された地でその慰霊碑がある。端野から9㎞で緋牛内駅、さらに約10㎞で美幌駅に至る。ここまでは中学時代に自転車で来たことがあった。人通りの少ない美幌市街を寂しく感じ、市街が尽きる辺りでこの日の行動を終えた。迎えに来てくれた妹夫妻の車で実家に戻る。

あいの里～札幌駅

8月28日、※距離17・4㎞、時間4時間、時速4・4㎞

①の歩きを終え前日札幌に戻ってきた。仙台へ帰る前に札幌駅～妹宅（北区あいの里）間を歩こうと、JR学園都市線の拓北駅（妹宅の乗降駅）から札幌駅に向かい太平駅で途中下車した。太平駅を出て北42条に突き当たると右折し、その先に創成川沿いの国道231号線へと進む。国道に至ると左折して、231号線を札幌駅へと歩く。231号は札幌駅までほぼ直線、創成川はいつの間にか姿を消す。国道5号、274号が通る高架自動車道の下を抜けるとやがて札幌駅北口に到着する。7・14㎞、1時間40分歩いた。

札幌からの帰りに太平駅で下車、あいの里まで歩き軌跡を繋ぐ。太平駅から太平六条通りを横切り創成川と学園都市線の間、ややJR線よりの直線道路を北上する。百合が原、篠路とJR2駅を過ぎて伏籠川に突き当たり、この川にやや右折して架かる茨戸福移橋を渡る。その先は東に向かっての直線道路が続き、道路3本ほど右の拓北駅前を通過しその先で左折し妹宅まで軌跡を延ばした。太平駅からは10・29㎞を2時間20分である。これで旭川へは北区・あいの里から歩くことになる。

◆＋α太平駅東西口間を横断

学園都市線は複線である。札幌駅へと太平駅で下車した上り線出口は東側、あいの里を目指して下車した下り線は西側であった。厳密に言うと両線の線路間数mが繋がっていない。この空隙を繋ごうと常に気にしていた。

2021年9月9日、道東徒歩の帰途、滞在中の妹宅から車に乗せてもらい太平駅に行った。駅の北側に線路を越える歩行者用の踏切がある。これを利用して西側と東側の出口間を往復しこの空隙を埋めた。GPSで600m、**札幌駅〜あいの里完結！** 後の「徒歩の拘り」項で図解で説明する。

美幌〜網走

9月27日　※距離29㎞、時間6時間、時速4・8㎞

美幌まで歩いた1ヶ月後に前回と同じメンバーで北見に来た。この機会を利用して、美幌から網走駅を目指すことにした。前回到達の美幌町の外れまで送ってもらい、そこから市街を出て東藻琴への道を右に見送り、39号線を北上する。美幌バイパスを越え直進し右手の女満別空港への入口を通り過ぎる。その先で網走湖の南端に突き当り、網走湖沿いに右へ進むと女満別の町内に入る。女満別は現在町名が大空町となっている。小学生の時の夏休み、女満別に来て網走湖畔でキャンプすることが楽しみであった。女満別の街中を過ぎると道の駅〝メルヘンの丘めまんべつ〟がある。モダンな建物で食事もでき、阿寒、知床への行き来の際によく利用した。さらに北に進み石北本線の踏切を越え、網走駅一つ手前の呼人（よびと）駅を右に見て通過する。網走駅まで8㎞余、その途中に右に入る道がある。この道はオホーツク海、知床の展望台の天都山へと通じている。天都山は今では流氷館などの観光施設があるが、私の中学生時代には野球場の広場があった。私は中学校で野球部に所属し、3年生では3塁を守った。3年の時私の東陵中学は北見市内大会で優勝、北見代表としてこの球場でプレイした。新聞では優勝候補であったが、1回戦で郡部の学校に6対5で破れた。最終回2死から4番打者のヒットで私が3塁から5点目のホームを踏み、続いて2塁走者がホームに滑り込んだ。私はタッチをかい潜ったと見たが、審判の判定はアウト。第4試合の夕闇迫る中無情にも試合終了のサイレンが鳴り響いた。これで野球生活も終わりと、悔し涙を流し宿舎に引き上げた忘れられない思い出がある。

　網走湖の北辺で網走川がオホーツク海に流れ出ている。その網走川に沿い常呂（ところ）からの国道238号線がオホーツク海に向かって走っている。私の歩いて来た道はこれと突き当たりT字路となる。網走川の向こう岸、正面に網走刑務所の赤い塀がある。このT字路を右折し網走川に沿い海へと向かうと間もなく網走駅であった。網走には母の実家があり、子供の頃遊びにきて、網走駅から二ツ岩の海岸までをよく歩いた思い出がある。

④ 北見～留辺蘂駅

9月30日　※距離26㎞、時間5時間半、時速4・5㎞

網走まで歩いた3日後に、北見市の西の三輪まで送ってもらい留辺蘂（るべしべ）へと39号線を歩いた。実家から三輪までは既に歩いていた。三輪には小学校の級友のF君の自宅がある。彼は私が帰省の度に車で山に連れて行ってくれた。北見のシンボル仁頃山（にころやま）（８２９ｍ）を始め、石狩岳、ニペソツ山、天塩岳、ニセイカウシュッペ山、暑寒別岳（しょかんべつだけ）……など彼との山行は35回を数える。現在は眼を患い、車の運転、登山は止めている。北見市中心部の手前で常呂川に合流する無加川を渡り、東相内（ひがしあいのない）を過ぎ石北線沿いに直進する。次の相内で留辺蘂までの約半分、路側帯は広く歩き易いが直線の単調さが疲れを増す。留辺蘂駅には日暮れ前に到着した。これで網走～留辺蘂間が北見を挟み繋がった。

以前の留辺蘂町は、海岸の常呂町、端野町と共に合併で北見市に編入されていた。北見市はオホーツク海岸からこの先の大雪山系の石北峠まで広大な面積を持つ。ここから旭川、札幌へは石北峠を越え層雲峡を通る39号線と、遠軽、北見峠に向かう２４２号線の２つのルートに分かれる。留辺蘂はその分岐点である。どちらのルートを取るかをこの時は決め兼ねていた。これを実現したのはこの章の最後の⑧の旅である。

2014年

5 函館〜長万部　北海道の玄関口函館から道南の旅に出る

北海道は北見の実家を拠点に網走〜留辺蘂間、札幌駅〜あいの里（北区・妹宅）を歩いていた（前述）。だがそれらは帰省のついでの域を超えるものではなかった。その先の留辺蘂から札幌へは歩き切るのが難しい区間があり、網走〜函館の完歩は希望として持っていたに過ぎない。それから1年、私は徒歩の旅の軌跡を青森〜神戸まで延ばしていた。これからは北海道もこれに繋げたいと思い、帰省を利用し本格的に歩くことにした。その積極的な気持ちで最初に実行したのが、北海道の玄関口函館から長万部までの国道5号線を歩く旅である。

9月24日　函館駅〜大中山駅　※距離11km、時間2時間20分、時速5・1km

本格的な北海道歩きの第1日目、朝仙台を発ち午後には函館駅前のホテルにチェックインした。当初の計画通りホテルに荷を置き、時間の許す限り歩こうとホテルを出た。途中のコンビニで軽食を買うと、そこの親父が私の身なりを見て「どこへ行くのか？」と聞いてきた。「4日かけて長万部まで歩く予定」と答えると、物好きなという顔をされた。ホテルのチェックイン時よくこのような会話をしたが、コンビニの店員とは初めてであった。五稜郭を過ぎると5号線は市街地を抜けた様相になる。桔梗駅で終了しようと思ったがもう一駅と頑張り、次の大中山駅まで歩き列車で函館駅へ戻った。大学入学以来仙台との往復で何度もこの線を通過した。だが桔梗駅、大中山駅は共に記憶に残っていなかった。

9月25日　大中山駅〜森駅　※距離33㎞、時間8時間、時速4・6㎞

大中山駅から森町を目指す。前日はホテルに荷を置き、最初の日でもあり歩行平均速度は5・1㎞と私の徒歩の旅では1、2を争うスピードとなった。この日は徒歩4日分に札幌滞在分をプラスした荷を背負い、30㎞余の行程で抑え気味に歩き出した。

数年前に函館山、横津岳に登り、無線で室蘭、青森の局と交信した。その横津岳から袴腰岳にかけてのなだらかな稜線を右に見て七飯町に入る。本州のような松並木の街道を抜け道は山中の上りになる。峠近くで函館本線に接するとすぐにトンネルに入る。トンネルを抜けると、右手に大沼国定公園の小沼が現れた。その先には左手に蓴菜(じゅんさい)沼があり、さらに進むと小沼の対岸を回り大沼（国道からは見えない）との間を通って来た函館本線の赤井川駅の先に出る。右前方に駒ヶ岳の山体を見て直進する。駒ヶ岳は頂上部の剣が峰は立ち入り禁止、右肩の馬の背までしか登れない。35年前に仕事で馬の背手前まで登ったことがある。さらに進み駒ヶ岳駅を通り過ぎると、剣が峰に続き砂原岳が見えてきた。綺麗な双耳峰を見ながら歩き、姫川を過ぎて間もなく、海岸に面したこの日の宿泊地森町に着いた。

9月26日　森駅〜山崎駅　※距離41㎞、時間9時間半、時速4・5㎞

この日の宿泊地は八雲である。森町の外れで庭木の手入れをしていた男性から話しかけられた。この国道を歩いて旅している人を度々見かけると言う。私はこれまでの旅で徒歩旅行者を見かけたのは東海道ですれ違った人のみ。この後も旅終了まで徒歩の旅人に会うことはなかった。長万部までは内浦湾沿いに北上する。左手の木々の繁る平坦な原野と函館本線、右手の内浦湾に挟まれた単調な5号線が真っすぐに続く。いくら歩いても人家、商店が現れない。朝食もそこそこに出発し、昼食も持参していない。食事を購入しようにも当てにしたコンビニは行程半ば過ぎまで現れなかった（今はスマホの利用でその位置を知ることができる）。自動販売機の間隔が日本一長いのかなどとも思う。宿泊地山越は夕暮れ前に着き、次の八雲駅へと歩く。八雲も時間に余裕があり、その一駅先の山崎まで歩いた。そこからは列車で山越へ戻った。

この日は海面からの標高10m前後、時には2、3mの直線道路を延々と歩いた。左手は平坦な平野、右手の広大な海から津波が来たら逃げ場がない。東日本大震災から3年半が経過していたが、打ち寄せる波音に3・11の恐怖が蘇る。気持ちの良い北海道の景色の中、恐怖を抱えて歩いた一日でもある。

9月27日　山崎駅～長万部駅　※距離23㎞、時間5時間半、時速4・6㎞

列車で山越から山崎に移動し、5号線を内浦湾に沿いやや北東に直進する。歩く道路は長万部の先で内浦湾を反時計回りに回り込む。時計の針の12時の方向に羊蹄山が見える。私は羊蹄山を倶知安（くっちゃん）から登ったが、5月に見る中山峠からの雪を纏ったこの山の眺めが好きである。3時の方向には室蘭が見え、海の上を渡ると近いのにと非現実的なことを思う。国縫（くんぬい）を過ぎた長万部手前のドライブイン、かつて修学旅行で600人分の「蟹飯弁当」を調達した。今は寂れ閉店している模様。そこから間もなく長万部町に入ったが、その市街もかつてに比べて活気に乏しい感じがした。長万部は娘が大学1年時に寮生活をした町であり、両親と娘を訪ねたことがある。長万部に到着後、特急で札幌へと向かい今回の徒歩の旅を閉じた。

この日11時52分木曽御嶽山噴火、山頂付近にいた登山者に60人を超える犠牲者が出た。札幌に着いてそのことを知る。

１９８８年御嶽山・剣が峰付近で聞いた水蒸気の轟音が蘇った、合掌。

2015年

6 長万部〜札幌駅　長大な内浦湾を靭帯の痛みに耐えて歩き札幌に辿り着く

長万部まで歩いた秋から冬を越した翌年の２０１５年5月、帰省を利用して長万部〜札幌間を歩くことにした。長万部からは5号線が日本海に向かい、小樽を経由し札幌に至るコースがある。これは宿泊地の関係で日程作成が難しく、距離は長いが室蘭本線に沿う太平洋側の国道37号線を歩くことにした。伊達紋別、東室蘭、苫小牧と宿泊し、恵庭まで歩く。恵庭から札幌の妹宅にＪＲで行き宿泊、その後ＪＲで恵庭に戻り札幌駅までを歩く計画を立てた。

４月半ばに台湾の玉山に登り体調も良い。徒歩の軌跡は九州・福岡県水城駅に達していた。北海道の国道には雪がなく、歩くには良い季節である。

5月11日　長万部駅～静狩駅　※距離14㎞、時間2時間半、時速4・3㎞

前回同様仙台を早朝に発ち、午後3時頃長万部に着いた。線路を越えて街中の旅館に一旦入る。夕方までの時間を利用し、静狩駅まで歩こうと旅館を出る。JR線の長万部～静狩間は直線で、静狩駅の先で海岸沿いの長いトンネルに入っている。私の歩く道路は長万部を出てすぐに今までの5号線と分かれ、国道37号として線路に沿い直進している。静狩駅1㎞程手前で国道は左にカーブし、坂を上がり山中に入っていく。私はそのまま直進し静狩駅に達した。翌日の宿泊地伊達紋別までの距離を約14㎞短縮し、長万部に列車で戻り明日に備えた。

5月12日　静狩駅～伊達紋別市　※距離50㎞、時間11時間半、時速4・3㎞

静狩駅から線路沿いに200～300mほど進み、線路を越え山手に向かい草原を直進する。標高が20mほどの所で国道に合流、蛇行する道を東に進み標高238mの静狩峠に至った。この峠をトンネルが抜けている。危険があればトンネルを避け迂回しようと思っていたが、心配したほどのこともなく無事通り抜ける。道は緩やかにカーブし海に向かい下る。200mほど標高を下げると、来馬川に沿う平坦な道となった。しかしすぐに山に向けて292mまで標高が上がり、全長1331mの礼文華（れぶんげ）トンネルに行き当たる。計画を立てた際、このトンネル通過を最も危惧した。ここもそれほど危険を感じずに通過、礼文華の海岸には出ず山道を歩く。短い大岸トンネルとその先の2つのトンネルを抜け、豊浦町の中心部を午後遅くに通過。そこからまた2つのトンネルを潜り、海岸に接した虻田町に入った。すぐに洞爺湖への入口洞爺駅に至り、駅前で一休みした。洞爺駅を出て内浦湾に沿い伊達紋別を目指す。左手は有珠山、その奥に昭和新山がある。右手の内浦湾はこれらの火山と駒ヶ岳の火山に囲まれ〝噴火湾〟とも言われている。昭和新山は私と同じ昭和19年に誕生、私が修学旅行で訪れた時は山肌が剥き出しで中腹まで登ることができた。今は樹木が繁り入山禁止になっている。日没間近に小雨が降り出し、長和駅を過ぎ長流橋を渡ると伊達紋別市街の明かりが灯り出した。右に伊達市街、直進するとバイパスの分岐が現れ、宿泊ホテルはバイパス沿いの記憶から直進する。しかしこの道は山間を通り市街から離れて行く。不安になり引き返し市街への道に入った。小雨が降り暗く地図を見ることができない。街中をバイパス方向に歩いていると、病院の駐車場から出た車が私を追い越して停車した。母親を病院に送った40代の女性が、私の歩きを見て車から声を掛けてくれた。この時は50㎞近くの歩きで足首の靱帯に痛みが出、雨で靴も濡れ、疲れてヨタヨタと歩いていたと思う。また伊達紋別在住の友人W氏との会食の時間が迫り焦ってもいた。その申し出は喉から手が出るほど受けたかった。だが徒歩の旅を貫くためには車に乗る訳にはいかない。その趣旨を話し彼女の厚意を辞退した。彼女は雨で濡れた私を厭わず乗車を勧めてくれ、バイパスの先のホテルへの道を丁寧に教えてくれた。私は彼女の気持ちに感謝し、ホテルへの最後の歩みに気力を振り絞った。

ホテルに迎えに来たW氏の車で会食場所へ行くと奥様が先着していた。W氏は高校の同級生で、最近同級会で会うようになった。彼は奥様と共に登山をし、百、二百名山を目指している模様。北アルプス始め本州の山も数多く登っている。テントを担いでの北アプルス縦走、槍の北鎌尾根、日高のカムイエクウチカウシ山の遡行など奥様のリードでレベルの高い登山をしている。現在の私には及ばない元気さである。お互い登山をしていることで親しくなった。この年の10月、私が幹事の仙台秋保温泉の同級会に夫婦揃って来てくれた。乾杯して旧交を暖めたが、その時のビールは下戸の私が生まれて初めて〝美味しい〟と感じた一杯であった。

長万部からトンネルの多い山越えの道、50㎞を一日で歩けるかと心配した。この旅のヤマバの日程を11時間半歩き何とかこなした。先に述べたように雨の中友人との約束時間を気にし、ホテルを探し伊達紋別市街地を彷徨した。そのような無理が祟り足首の靭帯を痛めてしまった。翌日からそれを庇って歩き、その痛みを悪化させた。でも今回の最難関区間を終え、車の女性の厚意、友人との楽しい語らいと苦楽入り交じった思い出深い一日となった。

5月13日　伊達紋別市~登別駅　※距離44㎞、時間11時間、時速4・1㎞

バイパスに戻り、後に登ることになる伊達紋別岳の稜線を左手に見て稀府駅（まれっぷえき）へと進む。次の黄金駅（こがねえき）を過ぎると、37号線はトンネルの上の道となり白鳥台団地に食い込むように蛇行する。室蘭本線がトンネルを抜けた先に本輪西駅がある。私は東室蘭市街に行くにはその駅で線路を越えると思っていた。左折し踏切を渡ったが、道は山奥に向かっていて市街とは方向が違う。引き返し前の道に戻り、そのまま進むとやがて右手に室蘭市街、地球岬のある絵鞆（えとも）半島が見えた。半島には製鉄所があり、中学校の修学旅行の時見学した。この道が半島の根元東室蘭を突き抜ける37号線であった。東室蘭の駅近くのホテルにチェックインし、すぐに翌日の距離短縮のために登別へと歩いた。海岸に沿い一直線に幌別へ、幌別の先で山側に入り富浦を通過し登別駅に到着。以前観光客で賑わった登別駅は時間のせいか静寂に包まれていた。東室蘭から36号となった国道を登別まで19㎞歩き、翌日の苫小牧までの距離が40㎞台となった。この一日で足首の靱帯の痛みはさらに増し、この先に不安を抱えて就寝の床に就いた。

5月14日　登別駅～苫小牧駅　※距離43㎞、時間11時間、時速4・0㎞

50㎞の歩行を覚悟して東室蘭を5時47分の列車に乗り、登別駅で6時6分に下車。駅からバイパスの広い道路に出て苫小牧方面に向かう。線路を越えた虎杖浜（こじょうはま）でコンビニで買った朝食を食べた。そこから左のJR線、右の海岸の間の真っすぐな国道を歩く。巾の広い歩道を単調な歩みで竹浦、北吉原、萩野へと進んだ。いつまで経っても目的地・苫小牧が近づく感じがしない。この直線道は苫小牧駅の一つ手前の青葉駅まで続いていた。

途中の白老（しらおい）でまだ行程の半分、その白老には蝦夷防衛に当たった仙台藩の陣屋・伊達屋敷があり妹夫妻と訪れたことがあった。北海道にはアイヌ語の地名と共に、本州の各地と同じ名前の地名が各所にある。一昨日宿泊した伊達紋別は、仙台藩伊達氏一門の亘理・伊達邦成とその家臣団のこの地への集団移住が始まりと言う。また札幌の白石は仙台藩白石城主・片倉小十郎の家臣がそこに現在の国道12号を最初に作ったことによる。私の父の実家の佐呂間には若佐、栃木、北見周辺には秋田という名の部落もある。これらは北海道に入植した開拓者の出身地の名前からきたものである。因みに私の祖父は四国、愛媛・西条からの入植者とのこと。従兄弟は家系を調べに西条に行き、松木の家系図を作成した。

この日徒歩の距離が43㎞に収まったが、靱帯の痛みはさらに悪化した。

5月15日　苫小牧駅～恵庭駅　※距離37㎞、時間9時間、時速4・0㎞

苫小牧から札幌までは約70㎞で2日かかる。この日は37㎞先の恵庭を目指すことにしていた。高架橋を渡って線路を越え、フェリーで来た時利用する札幌へのバス路線を歩く。途中団地を回るバス路線と離れ、野鳥の集うウトナイ湖を右に見て36号線を進む。やがて左手新千歳空港への標識が現れ、石勝線が右手から合流すると南千歳に至った。足の痛みから次の千歳駅が限度と思いゆっくりと歩く。千歳駅前はさらに速度を落とし立ち止まらず歩き、当初目的の恵庭駅に辿り着いた。この日は恵庭で精一杯、恵庭駅からＪＲで妹宅に向かった。

5月20日　恵庭駅～札幌駅　※距離30㎞、時間8時間、時速4・0㎞

足の状態が良くないので間を置くことにした。その間2年前に母が亡くなり空き家となった実家の手入をしに、妹夫妻と北見に行った。妹のご主人の趣味の写真撮影のお供をし、阿寒にも行き前日に札幌に戻ってきた。

恵庭から札幌駅までは約30㎞、足の故障がなければ一日としては余裕の距離である。北広島を過ぎて札幌市に入ると小雨が降り出し、足の靱帯の痛みに加え悪条件が重なり余裕のない歩行となる。痛みに耐え何とか札幌駅まで歩くことができた。

今回6日間で約２１８㎞、靱帯の痛みに耐え単純平均４・１㎞の時速で歩いた。足を庇っての歩きで股関節にも異常が出て体がガタガタの状態となった。翌日野幌の北海道開拓記念館に行った。今回の渡道は徒歩の旅と、手術をして退院した妹の見舞いを兼ねたものであったが、その妹に車椅子を押してもらい館内を巡る羽目になった。靭帯の回復には1ヶ月かかった。

2016年

札幌～旭川　国道12号を北海道の中央・旭川へ、石狩川を6回渡る

長万部から札幌を歩いてから1年、足の故障もすっかり癒え3月には鹿児島に達した。

この4月にはヒマラヤカラパタール（5545m）にも登り、体調に問題はない。今回は旭川まで4日で歩こうと札幌に来た。北見との行き来の際、いつも歩くことを念頭に道路状況を観察していた。旭川までの間で難しいと感じた区間は、深川の道の駅から納内（おさむない）の間である。路側帯が確保されてなく、交通量が多く非常に危険と思った。やむを得ず深川市街へと大きく迂回するルートを考えた。また旭川に入る直前、神居古潭（かむいこたん）辺りで長い自動車道トンネルがある。これは石狩川に沿っての旧道を歩くことにした。

札幌大橋

5月16日　あいの里〜岩見沢駅

※距離39㎞、時間10時間半、時速3・9㎞

札幌市北区あいの里から強風をついて岩見沢へと出発した。妹宅を出てすぐ国道337号線を東へと向かう。河口も近い石狩川、川面にはさざ波が立っていた。石狩川に架かる札幌大橋に差し掛かると、風は斜め前から吹き付けてきた。時々体を車道側に持っていかれそうになり、欄干に掴まりながら必死に前進した。橋を渡り終えると風はやや弱くなったが、風の抵抗に逆らう歩行が続いた。夜のNHKのニュースで瞬間最大風速が27mであったと伝えていた。私の徒歩の旅で最大風速を体験した。この風は午後まで吹いたが、正面からでなかったのが救いであった。当別から275号線を北へと進む。車で北見に行く時は、この275号線を月形、浦臼へと進み、新十津川で右折し滝川で旭川への12号線に合流する。私は月形へと進みコンビニの所で右折して東へと向かった。一旦追い風となった風は遮る物のない畑の中の直線道で再び進行を妨げる風となる。午後3時過ぎ前方に新篠津の集落が見えた。新篠津に入りやや右に曲がり、その先の石狩川に架かる〝たっぷ大橋〟(820m)を渡る。この橋は斜張橋という形式で2本の主塔の高さは68m、その白い姿は遠くからでも眺められる。橋の先から直線路が続き、函館本線を越えると札幌からの国道12号線に出合う。12号線はバイパス気味に膨らむので、線路沿いに直進し岩見沢駅に達

たっぷ大橋

した。この日の行動はここで終了し、札幌駅経由で妹宅に帰宅した。

5月18日　岩見沢駅～滝川駅　※距離47㎞、時間12時間、時速4・2㎞

一昨日の逆順で札幌から岩見沢駅に着いた。岩見沢駅を出てあいの里からの道に出合う。これを北に進み、12号線と合流し美唄市へと入った。美唄市光珠内町から滝川市新町6丁目までの29㎞、国道で一番長い直線道である。この日の大部分がこの区間の感じがした。砂川駅を過ぎて滝川市に入り、左折して国道を離れ滝川駅へと向かう。駅近くの旅館を見落とし、駅から大回りして再び駅横の旅館に着いた時はすっかり日が暮れていた。風が収まり一昨日より速く歩くことができた。

5月19日　滝川駅～納内駅　※距離34㎞、時間10時間、時速3・6㎞

滝川駅からジグザグに歩き12号線に入る。北見に行く時に寄る郊外の道の駅たきかわで朝食を摂る。ここからの暑寒別岳の眺めをいつも楽しみにしていた。6年前に北見の友人F君、N君と暑寒別岳に登った。熊出没注意が出ていて、南峰と本峰の鞍部には5、6m置きに熊の糞、新しい足跡、木を引っ掻いた爪痕などがあった。3人で交互に杖で木を叩き、叫び声を上げて歩いた。12時間後に帰り着いた登山口、私達の話を聞いて管理人は「よく無事で！　あそこは熊の通り道」と絶句。当時の無謀を恥じ、それを常に噛みしめ暑寒別岳を眺めている。江部乙（えべおつ）を過ぎ緩やかに下ると道の駅〝ライスランドふかがわ〟がある。ここで休憩、店の前に「ヒッチハイクで日本一周中」と書いたダンボールを掲げた青年がいた。ヒッチハイクには車を掴まえる苦労があるだろう。徒歩の旅は自分の足しか頼れない。厳しさ、苦労、辛さはそれぞれでも、喜びは共通かも知れない。ここから危険を避け、12号線を回避し深川市街への迂回路を辿る。この旅3度目の石狩川を渡り、深川市街から納内駅を目指す。函館本線に沿っての歩きだが、線路が遠ざかると落ち込む。最後は惰性で歩き納内駅に辿り着き、宿泊地旭川へ列車で向かった。この日は暑さもあり、この旅で最も遅い歩行速度となった。

5月20日　納内駅〜新旭川駅　※距離28㎞、時間7時間半、時速3・9㎞

宿泊した旭川から早朝の列車で納内に戻る。駅を出て4度目の石狩川越え、神納橋を渡りその先の12号線に戻った。昨日から長方形の三辺を歩いたことになる。この先に長い自動車道トンネルがある。トンネルに入らずに済む迂回路（旧道）が左手にあり、それを石狩川沿いに歩く。その途中に神居古潭の展望所がある。そこで眺める石狩川は岩の多い急流で、ラフティングができるのかと思った。展望所を過ぎると上方にトンネルを出た自動車道を車が走るのを見る。自動車道に沿ってその下の道を歩き、暫くして自動車道に合流しその歩道を歩く。旭川郊外の台場を通過すると、その先に右に旭川市街、左にトンネルに入る北見への国道39号との分岐があった。私は左のトンネルに入る。トンネルを出て近文橋を渡る。5回目の石狩川越え、この橋を渡って暫く進むと旭川鷹栖ＩＣ入口に至る。右手旭川市街の奥には旭岳が主峰の大雪山とそれに続く十勝連峰が望まれる。39号はこの先でトンネルになるが、私はそれに入らず右折して南下した。この道を直進すること約1時間で金星橋が現れた。6回目の石狩川の渡橋をし、間もなく旭川市街の東にある新旭川駅に着いた。

⑧ 旭川～留辺蘂　道央から道東へ、念願の北見峠を越え網走から函館を繋ぐ

網走～鹿児島徒歩縦断に残るは旭川～留辺蘂間となった。当初は層雲峡から石北峠を越え留辺蘂へのルートを考えていた。しかし層雲峡を出ての2つの長いトンネルがネックで、遠軽回りルートを取ることにした。選択した遠軽回りは上川と白滝間に標高857mの北見峠があり、この周辺に宿泊施設のない50kmをいかに歩くかがポイントとなる。宿泊地を層雲峡とし、中間の北見峠との往復を妹夫妻にサポートしてもらうことにし最後の旅に出た。

7月14日　新旭川駅～中愛別駅　※距離31km、時間8時間、時速4・1km

札幌の妹宅を出、旭川で乗り継ぎ午前中に新旭川駅に到着した。新旭川駅の線路を越え、39号線に合いそれを北東へと進む。永山駅辺りまでは市街地の感じだが、北永山駅を過ぎると建物が少なくなる。宗谷本線は北へと離れるが、39号線をそのまま直進し当麻(とうま)町に入る。道の駅を過ぎると石北本線が右手から迫り、これに沿って伊香牛(いかうし)駅まで歩く。その先で石北本線と共に時計回りに大きく回り、その途中で石狩川を越える（7回目）。その後東に進むと右手に愛別市街、駅への道が現れた。その先で東から南東へと進む向きが変わり線路を越える。左手に中愛別駅が現れ、ここでこの日の徒歩を終了しＪＲで旭川に戻りゲストハウスに宿泊した。上川付近で宿が取れず旭川まで戻った。

7月15日　中愛別駅～北見峠手前　※距離33㎞、時間10時間、時速4・0㎞

通学の高校生の乗る列車で前日の中愛別駅に到着、この日は北見峠で妹夫妻と合流する予定である。この旅の山場で気を引き締め、まずは上川と歩き出す。安足間(あんたろま)駅の先で南東から東へ向きを変え、東雲駅（2021年3月廃駅）を過ぎると川幅が狭く水量も少なくなった石狩川を渡る。札幌の札幌大橋から8回目、石狩川を渡るのはこれが最後となった。線路を離れた39号線は上川市街のバイパスで、上川駅から離れた所を通過している。そのバイパスに当麻・道の駅から初めて現れたコンビニで昼食にした。

その先で石狩川に沿って層雲峡方面に進む右の39号線と分かれ、左の紋別、遠軽方面への国道273号線を進む。天幕を過ぎると山間に入り、留辺志部川、石北本線がその合間を縫う。丸瀬布(まるせっぷ)まで開通している自動車道が上方に見え、273号は何度もその下を潜る。中越駅（廃駅）を過ぎると一段と山が迫る。この駅が今もあればこの区間もだいぶ楽なのだが……と思いながら歩く。札幌を今朝ワゴン車で出発した妹夫妻に追いつかれ、余計な荷物を車に預ける。夕方北見峠で拾ってもらうことにして平坦な道を惰性で歩く。やがて私を追い越した軽自動車が20mほど先でウインカーを出して止まっていた。中年の主婦と思われる女性が「乗りなさい」と言ってくれた。いつものことながらその親切に感謝しつつ辞退した。この道の右手に二百名山のニセイカウシュッペ山登山口への林道がある。9年前に北見のF君の車でここを入り登山した。この先で自動車道の浮島ICからの降り口がある273号線は左に紋別へと向かう。私はその273号と分かれ、右の遠軽への国道333号線を進む。上りの勾配が増し、道は蛇行を繰り返す。峠に上って行く途中何台もの自転車が私を追い越し、その度に「頑張って」と声掛けされ励まされた。サイクリングのツアーか、何かの催しの集団だろう。夕暮れ寸前に上りをほぼ終え道は平坦になった。北見峠の少し手前でワゴン車が私に追いついた。この日の行動をそこで終え車に乗せてもらう。車は上って来た道をあっという間に下り、層雲峡へと走った。妹夫妻と層雲峡のホテルに泊まり、温泉で汗を流し筋肉をほぐす。車のサポート、温泉と徒歩の旅の中では贅沢な一日となった。

7月16日　北見峠手前～丸瀬布　※距離40㎞、時間11時間半、時速4・5㎞

層雲峡から昨日の峠手前まで送ってもらい白滝を目指した。峠を前に歩いていると「登山に行くのか？　乗せてやる」と車の男性から声を掛けられた。その後すぐに北見峠に着いた。最大の難所・北見峠の写真を撮り、峠からは良いペースで下る。隧道の手前で下の観光をして上がってきたワゴン車とすれ違う。自動車道を見下ろした後、大きな蛇行を繰り返して下る。自動車道を見上げるようになると道は平坦になり、奥白滝ＩＣからの道と合い奥白滝、上白滝を過ぎて白滝駅に至った。ここで妹夫妻と再度合流し一緒に昼食を摂った。

休憩で筋肉、気持ちが緩んだのか、昼食後の歩きはぎこちないものとなる。ペースが落ち、やや苦しい思いで道の駅まるせっぷの先まで歩き、そこで夫妻と合流しワゴン車で北見の実家に向かった。

7月17日　丸瀬布～生田原　※距離31㎞、時間7時間半、時速4・0㎞

北見から車で送られた丸瀬布から歩き出す。瀬戸瀬駅を過ぎ、小学校の校庭脇で休憩して遠軽へと歩いた。その途中で丸瀬布から自動車道を

北見峠・標高857ｍ

延伸する工事現場を度々通過した。遠軽町への入口にコンビニがある。そこで昼食にした。そこから遠軽町内へ入る道を進むと2、3㎞で遠軽駅に至る。石北本線はここから一旦遠軽駅に行き、列車の前後が逆になり戻って来る。その途中には〝がんぼう岩〟という奇岩がある。その下にある神社の近くが**私の生誕地**だそうである。遠軽町には入らず生田原（いくたはら）に向かう。安国（やすくに）を過ぎ木のおもちゃワールド館ちゃちゃワールドの先に生田原駅がある。シャッター街と化した生田原市街を抜け、その先の橋の手前で迎えの車と出会いこの日の行動を終えた。※遠軽と生田原途中の安国から留辺蘂間は国道242号となっている。

7月18日　生田原～留辺蘂駅　※距離22㎞、時間6時間半、時速3・8㎞

いよいよ網走～鹿児島徒歩縦断完結の日である。昨日地点まで車で送ってもらい、ラストウォークを始めた。雨模様、小雨が降ったり止んだりの空模様、石北本線は山の中をトンネルに入り進んで行く。私の歩く国道はそれから離れ長い道のりを峠へと上っていた。峠からは方向を変え、石北本線金華（かねはな）駅（無人）へと下る。金華駅前の工事現場の先で昼食にした。

金華駅を出て暫くすると山間部が終わり、最終ゴールの留辺蘂の町が眼下に見えた。それを見下ろして下る。平野に入ると層雲峡からの39号線に合流、ほどなく留辺蘂駅にゴールした。旭川から157・5㎞歩き最難関と思っていた区間を歩き終えた。同時に網走～鹿児島間が徒歩で繋がり9年に及ぶ長い旅が完結した。この時は今までのように、喜びよりもホッとした気持ちと解放感に浸っていた。その後北見から来た妹夫妻と合流し、近くの温根湯温泉に行き宿泊した。温泉に入り、祝杯をあげた時、初めて終結の実感と喜びが湧いてきた。

私の旅に関心を持ち、旅を見守ってくれたF先生がいる。先生は小学校時代の恩師で現在札幌に在住している。私より一回り上の先生とは、先生が退職後に同級生達と共に登山をしてきた。F先生の連絡で、帰途札幌駅で北海道新聞記者の取材を受けた。2ヶ月後、北海道出身の私が北海道で旅を終えたと夕刊・「窓」欄に旅の概要が紹介された。

◆北海道を歩いて

単調と思われる長い直線、海岸、山間の道からは、北海道のスケールの大きさを感じた。網走～函館間を歩いた距離は726・57㎞、本州の大阪～下関間の約1・3倍である。これに要した実数は23日で、やはり北海道は広かった。宿泊地の間隔が長く、一日で歩き切れない区間が多々あった。それを補う交通機関も不便で、上川～白滝間は妹夫妻のサポートがなければ軌跡を繋ぐことはできなかった。他の地域では車のサポートがなかったが、道東では何度も妹夫妻のワゴン車の助けを借りた。

北見峠を越え自動車道に沿って下っている時、その自動車道で熊の目撃情報があり一時通行止めになったと後で知った。北海道歩きには様々な特異性を考慮する必要を改めて感じた。

北海道で高校時代まで過ごし、退職後も何度も帰省し、北海道のことは大凡知っているつもりであった。この旅で、広大なこの地の地面を見つめ、周りの景色を眺めながら自分と対峙して歩いた。同じ景色を見ても車、列車の時とは異なる風景にも見え、今まで気づかなかったことを知った。それは北海道の自然の深さであり、北海道の人々の気持ちでもあった。

この旅を終え北海道への愛着が一層深まった。それがこの北海道を歩いて得た感想である。

◆継ぎ足しの旅を重ね網走〜鹿児島間が繋がる

仙台〜柴田町、柴田町〜福島…徒歩の旅を重ね仙台〜東京を歩き通した。同じ方式で仙台〜青森、東京〜神戸…と歩き、最終的には網走〜鹿児島間の徒歩の軌跡が出来上がった。

この方式の原点は50代に取り組んだ県境歩き、福島県との県境の鹿狼山〜亘理へと太平洋沿いの丘陵を歩いたことにあると思う。次の文章は1997年鹿狼山からの縦走を地元紙（河北新報・夕刊）に投稿した記事の内容である。

楽しい身近な山歩き

五年前私は宮城県と福島県との県境を登山仲間のWさんと歩き通した。それに続いて今年は地蔵森（福島県新地）の先から福島県境と分かれ、国道6号沿いに北上し、宮城県亘理町逢隈でその姿を消す丘陵を二人で歩いた。Wさんは今年八十歳である。県境歩きの時と同様、日帰りを重ね、前の到達点からの距離を少しずつ延ばして、山歩きを完成させた。麓を回ってその日のスタート地点まで戻るので、歩いた距離は稜線歩きの二、三倍になったであろう。植物の繁茂する盛夏を避け、主に冬から春にかけて歩いた。標高は低いが親しみのある峰々が続く。稜線上のほとんどに踏み跡が見られ、県境歩きよりはルートファインディングが楽であった。それでも身の丈を超える竹藪が現れ、蔦が巻き付き、バラのとげが行く手を遮ることがたびたびあった。このコースの途中には黒森山一等三角点（記事では写真を掲載）がある。宮城県にある十六の三角点の一つである。私とWさんは、宮城県内のすべてと東北近県の三角点を訪ね歩いている。背後には鹿狼山、右手に人々の暮らしが息づく平野（＊）や太平洋、左手には蔵王の山々が見える。その手前に長い旅を終わろうとしている阿武隈川の流れが常に付き添ってくれた。この山地を横断して、地域を結ぶ峠が六つある。峠や尾根の数カ所では山肌が大きく削り取られ、人間の力による自然への関与の大きさを感じたものである。中高年の域に達した私にとって、生活に密着した地元の山を歩くことは、楽しみの一つとなっている。

＊この平野は東日本大震災で津波に襲われ、犠牲者と大きな被害に遭った。現在復興に向け取り組み中。

第2部

日本列島南北縦断徒歩の旅

日本本土四極を目指すプラスαの旅

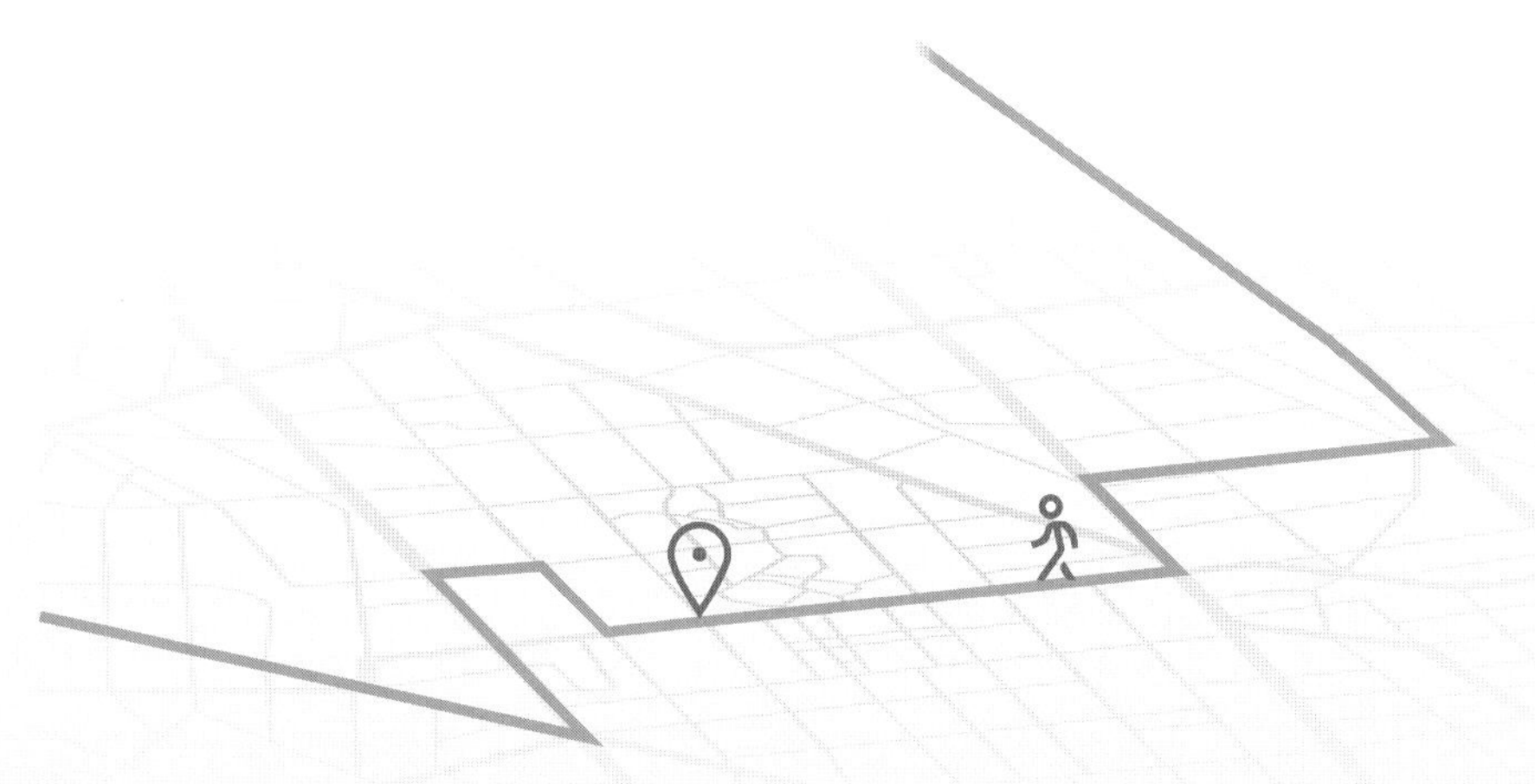

徒歩の旅プラスαについて

２００７年63歳で始めた「私なりの日本列島縦断徒歩の旅」は、趣味の登山の合間を縫い２０１６年に北海道・網走と九州・鹿児島間を徒歩で繋ぎ終了した。これらの旅を第１部として記載した。第１部の旅以後は4年続けてヒマラヤに通うなど、活動の目を海外の山や旅行に向けていた。２０１８年海外旅行、登山の合間に下北半島を歩き、北海道帰省中に旭川・当麻から北に向けて2度歩いた。だがそれらはその時限りで、目的を持ち継続的に取り組む徒歩の旅ではなかった。

２０２０年に新型コロナウイルス感染が世界中に拡大、海外旅行は見合わせざるを得なくなる。私は「はじめに」で書いたように、活動の目を国内の旅に向け身近な所を歩き始めた。日本に感染拡大の第一波襲来前の２０２０年2月、鹿児島市から佐多岬に向け鹿屋市までを歩いた。第二波が去り Go To トラベルが開始されていた12月、その続きを鹿屋市から歩き佐多岬の地を踏んだ。またその前の10月末にも、北海道・当麻からの軌跡を士別市から音威子府（筬島）まで延ばしていた。こうして、私は一旦終えた徒歩の旅を本格的に再開した。

本土最南端の佐多岬に達してからは、最北端の宗谷岬到達を目的に２０２１年に2回に分けて歩いた。音威子府からの軌跡が宗谷岬に達し、宗谷岬～佐多岬間が下北半島を経由した新しいルートで繋がった。これを第１部の網走～鹿児島の「私なりの日本列島縦断徒歩の旅」とは別に、多くの人と同様に「日本列島南北縦断徒歩の旅」と呼ぶ。第１部の旅と共にその旅を構成する下北半島の旅（野辺地～大間崎、大間港）、佐多岬への旅（鹿児島市～佐多岬）、宗谷岬への旅（当麻～宗谷岬）の３つの旅をプ

ラスαの旅と名付けた。それは第1部の旅で歩いた青森県・野辺地、鹿児島県・鹿児島市、北海道・旭川当麻から、それぞれの目的地へとプラスして歩いたからである。

日本本土の東西南北の最端を「**日本本土四極**」と言う。私は佐多岬に達した時に初めてそのことを知り、この四極到達を新たな目標とした。それまでと同様、徒歩の軌跡には空白を作らない！　すなわちそれまでの軌跡と四極を徒歩で完全に繋ぐことを目的にした。

佐多岬、宗谷岬は既に歩き終えた。後は最西端の神崎鼻（こうざきばな）と、最東端の納沙布岬である。神崎鼻へは第1部で通過した久留米市から、納沙布岬へは同じく第1部で到達した網走市からそれぞれ歩くことにした。久留米も網走も既に自宅と繋がっている。四極に到達するといずれもその間の軌跡が自宅と繋がることになる。それで私は「**自宅と日本本土四極を途切れることなく全て徒歩で繋ぐ**」という強い気持ちを持ち歩いた。久留米から神崎鼻、網走から納沙布岬のこの2つの旅もプラスαの旅に加え、先の3つと合わせ、5つの旅をプラスαの旅としてこの第2部に掲載した。

第2部のプラスαの旅の多くはコロナ感染の合間を縫い行った。プラスαの旅を始めた時は75歳になっており、体力低下にも直面した。自分では意識していなかったが、旅を始めてみると第1部当時に比べ一日の歩行距離、徒歩の平均時速は3分の2から2分の1に低下し、歩行中にふらつきも出た。平衡感覚が心許なく、コロナ、体調とそれらの問題に苦しみながら歩いた。第1部とは異なり目的を明確にしプラスαの旅を続けた。その結果、第1部で旅を終えていたら得られなかった貴重な体験をした。第2部ではそれらを含めた旅の様子を述べたいと思う。第2部の旅で考えたことの纏めは、第1部の旅と共に最後の「徒歩の旅を終えて」の項で述べることにする。

第1章

本州最北端大間崎へ（下北半島の旅）プラスα①

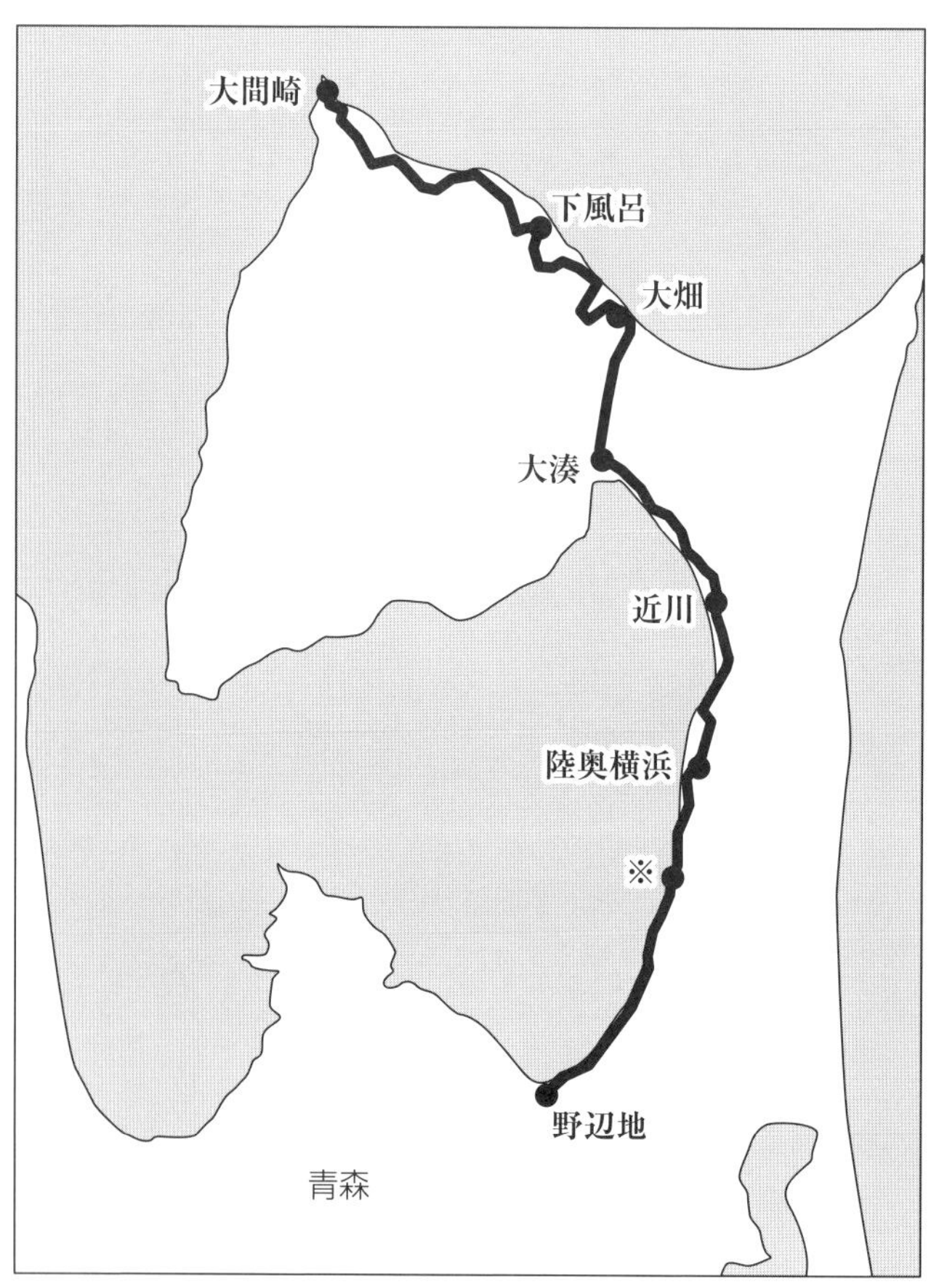

野辺地～大間崎徒歩の軌跡

2018年

6月

野辺地（19㎞）※陸奥横浜手前

大湊（13㎞）近川

10月

※陸奥横浜手前（15㎞）塚名平

12月

陸奥横浜（13㎞）近川

大湊（27㎞）下風呂

下風呂（21㎞）大間崎

徒歩総距離	108・38㎞
徒歩日数	6日
宿泊数	6泊
通過市町村	5

2018年

① 野辺地駅～陸奥横浜手前、大湊～近川駅　体調不良で途中リタイア

6月24日　野辺地駅～陸奥横浜手前　※距離19㎞、時間5時間半、時速4・0㎞

午前10時半JR東の4日間乗降自由切符を利用し、青い森鉄道・野辺地駅に降り立った。本州最北端・大間崎を目指して2016年以来の徒歩の旅である。野辺地から大間崎は100㎞余、3日で到達できると思い途中の大湊に2泊することにした。2年ぶりの徒歩の旅で、約10㎞のザックを背負い張り切っていた。

陸奥横浜へのルート確認のため、立派な建物の野辺地警察署の玄関ガラス戸を押した。若い男女の警察官が丁寧に道を教えてくれ、気持ちの良いスタートとなる。大湊に向かう国道279号線は街中を抜けると2つに分かれる。一つは山沿いに膨らむバイパス、もう一つは大湊線に沿い海岸線を直線的に進むもの。私は北野辺地駅手前で線路を越え海岸線に沿う道を進んだ。津軽半島と下北半島に囲まれた陸奥湾は穏やかであった。斧の形をした下北半島の刃に当たる部分に向かい海岸線は弧を描いて伸びている。この日の宿泊地大湊はその刃の付け根に当たる位置にある。大湊の脇のかつて登った釜伏山が正面に望まれる。大湊は遠くに見えたがこの日のうちに到着できると思い、途中リタイアになるとは思ってもみなかった。だが歩き始めるとペースは一向に上がらず、体調も芳しくないと自覚した。野辺地駅か

ら9㎞の有戸駅ですでに午後1時を過ぎ、予定よりかなり手前で昼食にした。昼食後ペースはさらに落ち、体はフラフラ状態でトレッキングポール（1本持参）に頼る歩きとなる。次の駅かバス停で行動を打ち切ろう、それが現れるまでは！と休み休み歩く。そのような私を見かねた車が2台ほど乗車を勧めてくれた。昼食から約10㎞歩いた横浜の遙か手前で私は限界に達した。大湊線の踏切を渡り野辺地からのバイパスが合流する地点で、私を追い越した軽自動車が止まった。運転していた女性が20ｍほど戻り、私に乗車を勧めてくれた。私には歩く力が残っておらず、バス停まで乗せてもらうつもりで徒歩の旅で初めて車の助けを借りた。助手席には女性がもう一人いて、2人とも20代後半と思われた。バス停を聞くと、ホテルが行き先の近くだからと大湊のホテルまで送ってくれた。爽やかな2人組みの親切は身にしみてありがたかった。ホテルに着いて休憩後、平常と変わらないほどに体調が回復したと思った。この日の不調は疲労、脱水症状などの一時的な体調不良のせいで、今後は体調を整え今まで同様の旅を続けるつもりでいた。

6月25日　大湊～近川駅　※距離13㎞、時間4時間半、時速3・5㎞

体は昨日の限界近い状態から回復したように思うが、第1部の旅のような無理はできない。この日は昨日歩くことができなかった部分（約30㎞余）を埋めることにした。昨日車乗車地点に戻る直接の手段がなく、どこでリタイアするかも分からない。ホテルからその地点に向け歩けるだけ歩くことにした。もしも乗車点まで歩くことができたなら、タクシーを呼び陸奥横浜駅へ行く。途中でリタイアした場合は近くのＪＲ駅またはバス停まで歩く。行動終了後は、その地点からは列車またはバスを利用してホテルに戻ろうと考えた。

以上のように考え大湊のホテルから横浜方面に歩き出した。歩き出すとペースは上がらず、そのうち昨日ほどではないがフラフラ状態も現れた。昨日の状態からは完全に抜け切っておらず、陸奥横浜駅の一つ手前の近川駅で行動を終えＪＲで大湊に引き返した。

大間崎到達を諦め、翌日仙台に帰った。目指した地点に到達できず、車の助けを借りたのは徒歩の旅で初めてである。体がふらつき平衡感覚が心許なくなった。それに伴い荷物の重さが気になった。この状態が一時的なものであれば良いが、加齢による体力低下、その他の原因がある可能性もある。

前回断念の陸奥横浜手前～横浜の先北塚名平を妻のサポートを受け歩く

10月14日　※陸奥横浜手前～北塚名平　※距離15・4㎞、時間4時間半、時速4・0㎞

野辺地～大湊間に、車乗車点（＊印で表記）から近川駅間の空白ができた。これを埋めるために軽自動車乗車地点（＊）に行く必要がある。

娘の保育所時代の親達が毎年恒例にしている旅行が十和田湖で10月半ばにあった。この機会を利用して私はこの空白区間を歩くことにした。私と妻は集合日の前日下北に行き、私は軽自動車乗車点から近川へと歩き出す。妻はその間下北を観光し、この日の宿泊地・古牧温泉へ行く時間に合わせ私を拾う。

下車した私は右手に青森ヒバに覆われた４００～５００ｍの丘陵、左手の海岸線に沿う大湊線脇の2

79号線を陸奥横浜へと歩いた。本調子でないと自覚しつつも、右手丘陵の吹越烏帽子山（508m）を眺める余裕があった。1992年に山仲間と3人で津軽海峡に近い縫道石山を登り、その帰りに吹越烏帽子山に登った。横浜で刺身を買い、中腹でテント泊をしたことを懐かしく思い出す。陸奥横浜駅を過ぎて疲れを覚え、北塚名平で妻に連絡しそこで合流した。彼女からは、やはり傾いて歩いていると言われた。この日の歩きで、空白区間を北塚名平から近川間の13kmに短縮した。

陸奥横浜から妻の運転で、第1部で歩き宿泊した三沢市に向かった。三沢では駅近くの古牧温泉に宿泊し、翌日十和田湖に向かった。十和田は紅葉の盛りには少し早かった。

塚名平～近川駅、大湊～大間崎　冬の到来直前、本州最北端の大間崎に到達

12月4日　北塚名平～近川駅　※距離13km、時間4時間半、時速3・2km

3度目の下北訪問の初日、陸奥横浜駅で下車し前回到達点・北塚名平バス停経由で近川駅へと歩き出した。その日のうちに大湊へ着けばよいので、体調を考慮し13kmをゆっくりと歩いた。歩き始め初日は快調な時と、調子の出ない時に分かれる。プラスαの旅では調子の出ないことが多い。この日は本調子には遠かったが、車に助けられた時ほどではなかった。大湊中心部、田名部の前回と同じホテルに連泊の宿を取り翌日からに備えた。

12月5日　大湊〜下風呂温泉　※距離27㎞、時間8時間、時速3・8㎞

田名部を北に向けて歩き、津軽海峡に臨む大畑へと歩き出した。前日は本調子でなかったが、この日は荷物をホテルに置いたこともあり時速3・8㎞とほぼ4㎞近くで歩いた。下北半島の旅では調子が良い方である。大畑を通り木野部峠を越え海岸線を下風呂まで8時間、疲れは感じたが特に体調の不安がなく歩いた。大畑で津軽海峡に面すると対岸にかつて登った北海道・恵山が薄らと見え、海峡にマグロ漁の漁船が数隻浮かんでいるのを見た。大畑の町に入った時、ここから来た教え子・無線クラブ部長のことを思い出した。海岸沿いを歩き日が暮れて下風呂温泉に到着。大湊に戻るバスを発車まで外で待つのは寒くて辛い。バス停近くの食堂に入り、寒さ凌ぎを兼ねて夕食を摂った。

12月6日　下風呂温泉〜大間崎　※距離21㎞、時間6時間、時速3・6㎞

早朝宿泊したホテルをチェックアウト、バスで下風呂温泉に引き返す。東北の12月初旬は冬の始まり、この日は朝から霙模様であった。路面に雪はないが、歩いている間に手袋が濡れ手が悴んできた。散見された観光施設はほとんど閉まっている。人のいない道の駅で雨風を避け震えながら昼食を摂った。下北交通番屋前バス停を過ぎると、大間港に向かう国道279号線から大間崎への道が分かれる。右の大間崎への道に入り、いくつかの集落を通り過ぎ午後2時頃に大間崎に到着した。

ようやく辿り着いた大間崎は小雨、本州最北端の碑、マグロを模ったモニュメントが雨に濡れていた。それをを写真に収め、海辺ギリギリまで降りてGPSを閉じた。昨日見えていた函館山は雨に霞み見ることができない。休憩所で着替えをし、宿舎に向かうバス時間までを過ごそうとした。だが寒さに耐えられず、向かいの土産物屋に入った。そこで土産にマグロの缶詰を買い、コーヒーを注文した。温かいコーヒーを飲み、ストーブに当たっても震えが止まらない。低体温症の手前であったと思う。土産物屋の女主人が呼んでくれたタクシーで宿舎・大間温泉保養センターに向かった。保養センターの温泉に浸かりようやく人心地がついた。翌日は朝から雪、路面は圧雪状態でこの日から本格的な冬が訪れた模様。一日違いの幸運を噛みしめ帰仙への途についた。

◆トロンパス状態

横浜手前で平衡感覚が心許なくなり、正常な歩行ができなくなって軽自動車に救われた。このような状態はそれまで経験したことがなく、脱水症状か一時的な不調と思っていた。

２０１６年徒歩の旅を終えた後、翌年73歳で私はアンナプルナのトロンパス峠（５４１６ｍ）越えをした。標準より早く峠に達したが、下りにかかった時突然フラつきに襲われた。ガイドの助けを借りて休み休み歩き、３６８４ｍのムクチュナートのロッジに着いた。ロッジ到着後には回復し、翌日からのジョムソン、マルハのトレッキングを平常通りこなした。下山したポカラでは郊外のサランコット山（１５９２ｍ）を一人で一日掛け歩いて往復した。またこの年12月には中米最高峰グアテマラのタフムルコ山（４２２０ｍ）に標準の半分の時間で登りガイドに驚かれた。日本の山でもその症状が出ることもなく、翌年の２０１８年ゴーキョピーク（５３６０ｍ）にも登頂した。それでトロンパスのことを気にすることなく過ごしていた。ところが２０１９年5月、ヒマラヤ・ゴサインクンド・トレッキング半ばからそれに似た症状が現れ、7月にヨーロッパアルプス三山の最初の山の下山中にもこの症状が出た。だがその後より標高の高い二山では全くその症状が出なかった。いずれもすぐに回復、高山の影響か脱水症状の一時的なものと思い込んでいた。だが平地歩きを再開してほとんど毎回この症状が現れるに及び、加齢による体力低下かトロンパスでの後遺症のせいかと考え始めた。この症状を最初に体験したのがトロンパスなので、＋αの旅でこれに近い症状が出た時、これを**トロンパス状態**と表現することにした。

◆津軽海峡ルートを大間港～津軽海峡フェリー函館ターミナル～五稜郭に変更

本州最北端・大間崎

大間港フェリーターミナル

第1部「私なりの日本列島縦断」では、津軽海峡の函館駅～青森駅間は青函連絡船ルート（103㎞）にした。第2部「宗谷岬～佐多岬・日本列島南北縦断」ではそれよりも乗船区間が短い大間港～函館・津軽海峡フェリー函館ターミナル（約40㎞）にルートを変更した。それ故今回の野辺地～大間崎の軌跡のどこかから、大間港までを新たに徒歩で繋ぐ必要が生じた。また北海道もフェリー埠頭から、函館からの5号線に軌跡を繋ぐ必要ができた。

２０２１年６月25日に番屋前でバスを下車、大間港まで５・６㎞を１時間40分で歩き、翌26日大間港から津軽海峡フェリーに乗船した。フェリーが着岸したターミナルからは5号線が通過する五稜郭駅へ５・３㎞を１時間半歩かけて歩いた。五稜郭駅からの5号線は長万部へと続くので、野辺地からの軌跡を最終の宗谷岬へと結びつけることができる。このルートは船の乗船区間が青森～函館よりも約60㎞短くなった。

※なお「徒歩の旅拘り」の項でもこのことに触れている。

国道２７９号は、北海道函館市から青森県野辺地町に至る一般国道である。函館市から大間町は海上国道区間となっている。別名はまなすライン（青森県内）、海峡通（函館市内）。ウィキペディアより。傍点筆者。

本土最南端佐多岬へ（大隅半島）プラスα②

鹿児島市～佐多岬

2020年

2月　109・00km
鹿児島市（26km）加治木駅
加治木駅（19km）小廻
小廻（19km）道の駅たるみず
道の駅たるみず（10km）海潟
海潟（35km）鹿屋・高須

12月　62・56km
高須（26km）道の駅根占
道の駅根占（27km）馬籠
馬籠（6km）佐多岬
佐多岬（4km）馬籠・田尻

徒歩総距離	171・56km
徒歩総時間	56時間14分
宿泊数	10泊
通過市町村	8

◆計画に当たって

私は1973年妙高山から雨飾山の縦走後、屋久島・宮之浦岳登山のため大阪に移動し、大阪から鹿児島行きの急行で当時の西鹿児島駅（現鹿児島中央駅）に着いた。ダンボールの上で一夜を明かし、翌朝屋久島行きの船が出るフェリー埠頭で、東シナ海に繋がる海を目にした。その時九州の果てまで来たとの気持ちになった。その記憶から第1部の旅では、九州の南の終点を鹿児島港として歩いた。

第1部の旅の後プロアドベンチャー田中陽希氏が、二百名山一筆書きの際佐多岬まで歩いたBS放送を見た。その時それまで意識していなかった本土最南端の佐多岬まで機会があれば歩こうと思った。

2020年、年明け早々新型コロナ感染が世界中に拡大した。この年予定していた2回の海外登山の見通しが立たず、国内旅行も自粛に向かう雰囲気になる。この状況下で国外の旅行はできず、国内移動にも制限が伴うようになった。

コロナ禍前の第1部の旅で歩道を歩いていて人と行き交うことは稀、会話を交わした人は一人もいない。徒歩の旅は大部分が空気の良い郊外を歩く。徒歩中自分が感染し、他人に迷惑を掛ける恐れはほとんどない。行動中の食事（朝、昼）は、コンビニで購入し外で食べる。私は飲酒をしないので夕食も密を避けて取ることができる。最も感染のリスクが高いのは交通機関での移動だと思った。乗り物、待合場所ではマスク（1日2枚分を用意）をし、使い捨てのビニール手袋を嵌めそれを小まめに交換する。そして外出後は手洗、うがいを実行する。感染状況により旅行が許容されると判断した時期、このような対策を取り徒歩の旅に出かけようと思った。

鹿児島港から佐多岬へは垂水市を経由する。錦江湾の鹿児島港と垂水港間をフェリーが運行している。直線距離にして大凡16㎞であるが、徒歩では錦江湾を時計回りに約75㎞歩かねばならない。鹿児島市から国道10号線を北上、霧島市からは国道２２０号線（佐多街道）を南下し桜島を越えて垂水市に至る。垂水市からは錦江町を経て南大隅町に入る。南大隅町の南端まで歩くと佐多岬に至る。鹿児島市からは１６０㎞ほどである。以前の私であれば５日間で歩く距離だが、倍の時間が掛かると判断した。コロナ感染の状況を考え、長旅にならないようにと２回に分けて歩くことにした。その第１回目は万一感染したら言い訳できない**自己責任**との覚悟を持ち、コロナ感染第一波襲来前の２月に行った。

2020年

鹿児島港から鹿屋市へ　錦江湾沿いに桜島を越える

2月21日　鹿児島駅～加治木駅　※距離26㎞、時間9時間半、時速3・3㎞

歩行日数４日で錦江町まで歩く計画で前日仙台を出発した。仙台～福岡の航空便、福岡から鹿児島への高速バスは、乗客が共に３分の１ほどであった。20日鹿児島市泊。

第１部の旅で立ち寄った鹿児島駅から佐多岬への旅を開始した。桜島を右手に見、国道10号線を北上する。歩き始めてすぐにペースが上がらないことに気付いた。十数年前に妻と訪れた薩摩藩島津家別邸仙巌園を予定より遅れて通過、以前の旅では意識しなかった背中の荷の重さが気になる。この日はその後もペースは上がらず、早くもこの日の霧島市到達を懸念する。霧島に向かう10号線には安全確保には不十分な狭い路側帯が随所にあり、路側帯が途切れる箇所もあった。交通量が今までになく多く、身の危険を強く感じる。快晴で日差しが強く、2月にしては気温が高い。暑さに加え体の不調、危険な道路状況と旅に出たことを後悔もした。ふらつきも多少あり、下北半島で起こった〝トロンパス状態〟か？と不安になる。大崎ケ鼻という小さな岬をカーブして越えると歩道が広がった。その歩道にバイクを立てかけ腰を降ろしているライダーがいた。バイクが故障して救援待ちの様子。私はその少し先で昼食にし、長めの休憩を取り体の回復を待った。

私が休憩を終えて歩き出しても、バイクの若者はまだ救援を待っていた。歩いていて苦しい時、自転車、バイク、車に追い抜かれると時折羨ましい気持ちになる。でも彼らが一旦故障や事故を起こすと元に戻すのは大変だ。徒歩の私は体の故障を起こさない、事故に遭わないことと改めて気を引き締めた。

昼食後この日の歩きでは霧島市国分までの到達は無理と判断、姶良駅までは歩こうとペースを落とす。その結果気持ちにゆとりが出、またこの旅から2本にしたトレッキングポールでリズムとバランスを取り歩く。その効果もあってかふらつきを抑えた安定した歩きとなる。姶良駅を過ぎ次の加治木駅を目指す。加治木駅が近づいてからが長くなかなか着かない。駅に着いた時はその日の限界に近く体は疲れていた。ＪＲで宿泊地国分に着いた時は平常に戻っていた。この日の歩行距離は約26㎞で予定より10㎞少なかった。

2月22日　加治木駅〜小廻　※距離20㎞、時間6時間半
道の駅たるみず〜海潟　※距離　10㎞、時間3時間　＊全体時速3・4㎞

早朝の列車で前日到達した加治木駅に戻る。小雨模様で登山の雨具・ゴアテックスの上着を着て歩き出す。フードを被ると視界が狭くなり、それだけで鬱陶しい気持ちになる。瀧口坂を越えると道は二手に分かれた。直進する道は行く手に森が見え、地図ではその先が分からない。行き止まるのではないかと思い左手にカーブする道を選ぶ。平野部を通る道は自動車道を越えトンネルを抜ける。このまま進むと海岸から離れ今朝の国分に戻ってしまう。コンビニのある所で右に曲がり海岸に向かう。ＪＲ日豊線を越えると海岸沿いに走る大きな道路に突き当たる。この道は先ほどの直進路の10号線であった。10号線を東に進み隼人港を過ぎ、特徴ある形の辺田小島を右手の海上に見る。辺田小島が後方になり検校川を渡ると、その先に国道10号線から離れ右に南下する国道２２０号が現れた。これが垂水市、南大隅町へと続く佐多街道でもある。国道２２０号に入ってすぐに昼食休憩にした。

この頃には雨がすっかり上がり、太陽の日差しを暑く感じる天候となっていた。ここから標高80ｍほどの亀割峠を越え、14時半過ぎに海岸の小廻（こめぐり）という集落に入った。昨日の未踏分を歩いていたので、この日の宿泊地・海潟（かいがた）はまだ27㎞先、この日も宿舎まで歩くのは無理と判断した。今日は歩けるだけ歩き、途中からバスで海潟に行き明日バスで乗車点に戻り歩き直そうと思った。ところが土曜日のバスダイヤは14時40分の１本だけ、しかも途中の道の駅たるみず止まりである。道の駅から垂水行があるのでこの日のうちに海潟に着くことはできる。だが歩いている途中でこのバスに追い越されたら目も当てられな

い。十数分後に来る最終のバスに乗ることにし、小廻でバスを待つ。乗車したバスは午後3時頃道の駅に着いた。垂水行きのバスを待つ間に、これから約9㎞先の海潟まで歩こうと気が変わった。

15時30分に道の駅発、暫くして桜島に渡る新しい大きな橋と直進する旧道に道が分かれた。どちらを進むか迷い、2、3度行き来したが一旦桜島に渡る橋の道を選んだ。桜島に渡って西進すると垂水への220号線はやがて左に直角に曲がり南下する。そのまま直進する224号線は桜島フェリー乗り場へと通じている様子。暮れかかった錦江湾を右手に見下ろしペースを上げて海潟、垂水への道を下った。平地に着いてから海潟まで間もなくのはずだがなかなか宿舎が現れない。そのうちに暗くなり、国道沿いにあるはずのK荘の見当がつかなくなった。宿泊先に電話すると女性の従業員が途中まで迎えに来てくれた。K荘に向かう間、「スマホ、カーナビが示す海潟温泉とK荘の位置は違うので皆さんよく間違える」と彼女は言い、また私のトレッキングポールを見て「母親もトレッキングをしている」

宿泊代で銘酒が当たった！猫に小判…？

K荘は家庭的な雰囲気であった。コロナ禍で余計な話はしなかったが、何かと声を掛けてくれた。宿泊代の支払時、女将さんが「宿泊代で垂水観光協会のキャンペーンに応募できる。私が書いて出しますので、ダメモトで応募しますか？」と聞かれた。私はそのことをすっかり忘れていたが、2ヶ月後に観光協会から森伊蔵の焼酎一升瓶が送られてきた。下戸の私には猫に小判だが、ネットのオークションに出品したら結構な値段で落札された。

と親しげに語ってくれた。この日は歩行速度は速くはなかったが、前日より安定して歩くことができた。

Ｋ荘のこの日の宿泊者は私の他に工事関係の５、６人のグループのみであった。

2月23日　小廻～道の駅たるみず

※距離19㎞、時間6時間半、時速3・2㎞

この日は海潟から鹿屋市に向かう予定であったが小廻～道の駅間の空白を埋めるためバスで小廻に戻った。Ｋ荘前のバス停に女将さんが一緒に来てくれ、バスが到着し発車するまでの間話をし私を見送ってくれた。８時50分昨日のバス乗車地点から歩行を開始した。この日も天気は良く快晴、暑いくらいで歩行ペースは上がらない。この日の行程は20㎞に満たないので、急がずに歩き平均時速は３・２㎞とこの旅で最低となった。錦江湾沿いの国道には境漁港、浮津港、二川港、牛根港と漁港が続く。前方には噴煙たなびく桜島が見え、振り返ると小廻からの海岸線が弧を描いていた（写真）。路面の所々には火山灰の吹き溜まりが見られた。森伊蔵（日曜日で休館）の駐車場で昼食、道の駅には垂水行きバスに間に合う時刻に到着した。鹿児島市から海潟

国道220号より桜島と小廻の海岸

間が徒歩で繋がり、垂水港経由で宿泊地鹿屋に向かった。

2月24日　海潟～鹿屋市・高須　※距離35㎞、時間10時間、時速3・8㎞

鹿屋市からバスで移動、K荘前のバス停で下車した。当初計画では徒歩最終日のこの日、垂水から歩き始め錦江町まで足を延ばし鹿屋（連泊）に戻る予定であった。しかし初日の体調不良から遅れを生じ、垂水市中心部までは約5㎞ある海潟からとなった。女将さんに挨拶したかったが朝の仕事中と見え、人影が見えず声を掛けるのを遠慮した。下園、脇田と過ぎ荒崎を回り込むと消防署、郵便局、市役所のある垂水市の中心部に入る。ここで少憩後垂水港への交差点を越え〝道の駅たるみずはまびら〟（中心部から2・2㎞）まで歩く。そこから柊原（くぬぎばる）を過ぎ新城（しんじょう）という地名が尽きる所の空き地で昼食にした。

鹿屋市の領域に入り古江（ふるえ）町の中を過ぎると、220号線は左に鹿屋市街に向かう。私は220号線と分かれ錦江町方向に直進する県道68号線を歩んだ。県道に入ると集落は船間町、天神町だけ、海岸沿いの道は交通量が少なく15時40分に鹿屋市・高須に着いた。高須では鹿屋市から回って来た220号線が合流し、錦江町へのバス停もある。ここから佐多岬までは約60㎞、次回はここから歩くことにして高須を今回の終着点とした。鹿屋市にバスで戻ろうと思ったが適当なバス時間がない。仕方なく鹿屋市に向かって上りの坂道を約10㎞、2時間半かけて歩いた。この間は縦断の軌跡から外れ、無駄な歩きとなる。この日も好天で荷をホテルに置きサブで歩いたので、歩行平均時速3・8㎞と向上した。体力低下、コロナ禍を懸念したが、2日目の小雨以外は好天に恵まれ感染せず、109㎞を無事に歩いた。

② 鹿屋・高須から佐多岬へ　コロナ、体力を気にかけつつ本土最南端に達す

2月に鹿屋市高須まで歩いた2020年の12月、私は再び鹿屋市に戻って来た。Go To トラベルが始まり、国民の間には旅行解禁の雰囲気が出ていたが、年末を控えコロナ第三波の襲来が懸念され私は2月の時よりも緊張して旅に出た。以前は一日に30から40㎞を念頭に宿泊地の選定をしていた。しかしプラスαの旅に入ってからは体力低下を自覚し、今回は一日に歩く距離を20㎞台に抑え30㎞を超えない範囲での宿泊地を考えた。2月の時と同様休業している宿泊施設が多く、宿泊先の確保に苦労した。

徒歩1日目は高須から20㎞台に宿泊できる所がなく、18㎞の南大隅町・根占（ねじめ）にゲストハウス風ユースホステルを見つけ予約した。2日目は根占から18㎞の伊座敷（いざしき）、3日目は伊座敷から佐多岬到達後の宿泊予定地まで24㎞の佐多馬籠にそれぞれ宿泊することを考えた。佐多馬籠には数少ない営業継続中のSホテルがある。そのホテルの前から、朝8時に垂水行きの日に1本だけのバスが出ている。帰りの飛行機に乗るためには、4日目の朝にどうしてもこのバスに乗らなければならない。コロナ禍で多くの宿が休業している中、1日目の根占、3日目のSホテルを辛うじて確保した。しかし2日目の伊座敷は、民宿を含めどうしても予約が取れなかった。伊座敷を諦めて最奥の田尻の民宿U荘が予約できた。だが2日目はそこまで35、6㎞歩かねばならず、その自信を持てない。2日目と3日目を入れ替えると、2日目はギリギリの30㎞程度に収められる。そうすると4日目の早朝、バスに乗るためにU荘からSホテルまで

6㎞ほど歩かねばならない。度々の連絡でU荘のご主人が車で送ってくれるとの返事をもらい宿泊先を入れ替えた。歩行に必要のない荷物を鹿屋市からSホテルに宅配便で先送り、初日、2日目はサブで歩くことにした。こうして出来上がった計画で、楽しみと不安が相半する気持ちで旅に出た。

12月12日 高須~道の駅 根占 ※距離26㎞、時間8時間、時速3・6㎞

鹿屋市から前回歩いた区間をバスに乗り、8時40分過ぎ高須バス停に降り立った。前日鹿屋から荷をSホテルに送っていたので、背中のザックは4kgほどである。

調子を掴むまではと抑え気味に歩く。錦江湾に沿って霧島から続く佐多街道は、高須から国道269号となり海岸線を南下する。13㎞先の錦江町へ順当に着き、5㎞先の南大隅町根占を目指した。午後3時前に南大隅町大根占の町中に入り、雄川の大きな橋を渡り白い建物のユースホステルを探し当てた。バイクの人が多く利用するようであるが、コロナ禍で宿泊客は私の他には一人見かけただけであった。この状況下で旅行をすることに少々気が引けたが、女将さんは「皆さん結構来てますよ」と言ってくれた。

早めの到着でこれからの時間が勿体ない。翌日の行程を少しでも縮めるため日が暮れるまで歩きたい。しかし先に進んだとしても、そこから戻って来るバス、明朝そこへ行く公共交通がない。タクシーの利用を考え、女将さんにタクシー会社の電話番号のメモをもらった。伊座敷方面への道を教えられ宿を出た。これまでの徒歩の旅でのタクシー使用は、下北の旅で大間崎到達後宿舎までの一度だけであった。宿を出て大きな橋を2度渡った後迷い、コンビニで道を確認する。269号線は山道に入り8㎞歩いた地点に〝道の駅 根占〟があった。既に日は暮れ道の駅の営業は終了し誰もいない。タクシー会社に電話し、ユースホステルまでの送迎を頼む。15分ほどで車のライトが近づいてきた。タクシーの中で30前後の運転手からこの地方の話を聞く。翌朝道の駅に戻るため、朝6時の予約をする。彼は翌朝も勤務なので自分が迎えに来ると言う。降車した際後ろのトランクからミカンを取り出し、「ここの名物」と言って渡してくれた。宿の夕食は食堂で一人、離れた所から女将さんが話し相手をしてくれた。翌朝の朝食は時間の関係でキャンセルした。

12月13日　道の駅 根占〜馬籠　※距離27㎞、時間9時間半、時速3・2㎞

午前6時前に前日の運転手のタクシーが迎えに来た。道の駅 根占からは海岸に向かい少し下る。すぐに海岸沿いの道になるが、日の出の遅い九州の地はまだ暗い。狭い路側帯の足許の安全に神経を使い歩く。薩英戦争砲台跡で日が昇り、ヘッドランプを外す。朝焼けの中、45年前に登った開聞岳が錦江湾の向こうに見え、これをスマホで撮影する。この辺りから街道沿い1㎞毎に伊座敷までの距離を示す標識が立っていた。これが5㎞を切り暫くすると、正面にトンネルが現れた。トンネル手前からは海岸沿いの旧道が分かれている。少々迷ったが意を決してトンネルに入る。このトンネルは長さは215ｍの伊座敷トンネルで、前年の5月に開通していた。照明が明るく歩道がしっかりと確保され、身の危険は感じなかった。でもトンネル内を長く歩くのは気持ちの良いものではなく、早く抜けたいと思い出口を目指した。トンネルを出た数百ｍ先は伊座敷の中心部であった。海岸から平野部に向かう坂の途中にバスの待合所があり、そこで昼食、休憩にした。昼食後、大隅半島の裏側にある宿泊ホテルを目指し歩

薩摩半島・開聞岳

佐多岬への道路標識

き出した。平坦部はすぐに終わり、道は狭い平野と伊座敷の街を見下ろしながら緩やかに半島に沿って登っていく。

九州自然歩道と名付けられた自動車道には途中に短いトンネルが2つあり、大隅半島の脊梁部の峠を越えると日向灘側の海岸に向けての下りになる。第1部の旅とは異なり、体調を気にしながらではあるが杖を使い急がずにゆっくりと一定のペースで歩いた。ホテルのある大泊に着き、農作業をしていたお婆さんにホテルへの道を確認する。午後4時前、余力を残して海岸沿いのSホテルに到着。到着後宅配便の荷物を受け取り、私の行程を心配してくれたユースホステルの女将さんに予定より早く到着したと電話した。

この日の宿泊者は私だけ、4階建ての白い建物はしんと静まり返っている。私一人のために平常同様に大浴場の風呂を沸かし、食事を作る。ネットで「営業を絶やさず頑張る」とのメッセージを見、応援したい思いもあり予約したが申し訳ない気持ちにもなった。ここから佐多岬までは約6km、明日のゴールを確信し静かな一夜を過ごした。

2月14日　馬籠〜佐多岬　※距離6・2km、時間2時間、時速3・2km
佐多岬〜田尻　※距離3・5km、時間1時間、時速3・5km

宅配便で受け取ったザック、10kg近くを背負い朝食後の9時過ぎにホテルを出た。道は海岸から一旦登りになり、その後山の中を蛇行する国道と分かれ平坦部へと進んで行く。やがて海岸を左に見ると集落が現れ、その集落の上方にこの日泊まるU荘の看板が見えた。佐多岬へは国道の通る山に向かっての登りとなる。この時は海岸に向かって強風が吹き降りていた。札幌大橋で石狩川を渡った時に勝るとも劣らない強風で、何度も立ち止まり風の息の合間を縫って歩く。道が中腹まで上がり佐多岬へと南に進むと、風は尾根に遮られ歩き易くなった。途中で狸と思われる動物が道路から斜面に入って行くのを見た。ホテルを出て1時間半、車道の終点に佐多岬のモニュメント（写真）、土産物店などの諸施設がある駐車場に着いた。その周りにはハイビスカスなど、南国の花が最南端到達を祝うかのように咲いていた。ここから600mほどのトンネルを抜け、最南端の展望台に至る遊歩道を歩いた。コロナの影響か、強風のせいか歩いている人はチラホラ。展望台前には最南端の記念碑がある。本土にはここより南の地はない。建物の中で最南端に到達した充足感に浸り、ゆったりと至福の時を過ごした。屋久島が見えるとのことだが、東シナ海の彼方は霞んでいて残念ながら確認できなかった。

展望台を出て駐車場に戻ろうとした時、「おめでとうございます」と後ろから声がした。私のことを知っている人はいないはずと思い振り返る。そこには見たことのある顔と見知らぬ顔の2人連れがいた。そのうちの1人は昨日伊座敷へと歩いていた時、佐多岬から垂水へと走って来た人であった。その時お互いの行き先を述べ短い会話を交わした。彼は垂水到着後そこに泊まり、垂水に置いてあったバイクに乗り車を取りに佐多岬の駐車場に戻って来たとのこと。佐多岬からは車にバイクを積んで帰ると言っていた。もう1人は九州の背骨を歩いて縦断していて、彼と行き会った福岡の人だと紹介された。互いに写真を撮り合って別れた。

佐多岬展望台からこの日の宿泊先・馬籠田尻のU荘までは3㎞余、チェックインには早過ぎる2時過ぎにこの民宿に着いた。人のいる気配はなく、家の周りに置いてある植木鉢などが強風であちこちに転がっていた。チェックインまでの2時間余り、海岸に降り寒さの中で沖ゆく船を眺めて時間を潰した。チェックインの時間が近づき民宿に戻る途中、魚店の名が入った車が私を追い越した。民宿に着くとその車に発泡スチロールの箱を抱えて乗り込む人を見た。出発時に民宿のご主人にもらった名刺には、この魚店の社長と民宿の主人の名前が連名で印刷されていた。名字が同じなので兄弟だろう。夕食の膳には名前は分からないが大きな魚の煮つけが、他の豪勢なおかずと共に並んでいた。この日の宿泊者私一人のために夕食の魚を運んで来たのだろうか。斜面に立つ民宿を襲う強風の風音を聞き、佐多岬到達の安心感を胸に眠りについた。

翌朝ご主人にSホテルのバス停まで車で送ってもらった。バス停には昨日佐多岬で会った九州縦断氏がいた。一昨日の私に続き、昨日彼もSホテルに泊まったようで、この日も宿泊者は彼一人らしかった。
垂水港へのバスの乗客は私達以外には後方にいたお婆さんだけ。彼とまた会った偶然、同じように徒歩の旅をしている親しみから話が弾んだ。最初はコロナを気にして小声で話していたが、乗客が他に離れた一人だけだったので話に夢中になってしまった。やはり運転者から「お客さん、話を止めて下さい」と注意された。彼とは垂水からもフェリーで鹿児島港まで同行した。福岡に帰る彼と鹿児島中央駅で別れ、私は鹿児島市で宿泊し翌日伊丹空港経由で仙台に戻った。

第1部に比べ本調子ではなく歩いている時は不安になり、体力的に辛いと感じた時（2日目）もある。幸い好天にも恵まれ、コロナに感染せず無事に歩き終えた。本土最南端の地を踏み、ここまできたら最北端の宗谷岬まで何とか歩きたいと思った。難関と思っていた筬島～宗谷岬を必ず歩きたいと意欲が湧いてきた。

佐多岬駐車所・ 年月日表示の記念碑

本土最南端記念碑

※「日本本土四極、最南端出発・訪問・到達証明書」が佐多岬でも発行されていることは出発直前にネットで見て知っていた。私は車で来てももらえる物なので興味はなかった。その翌年宗谷岬、神崎鼻でそれを手にし、4枚揃えようと思い、この1年後南大隅町役場に電話、前年の佐多岬到達証明を郵送してもらった。

「世間は狭い」は本当だ!

偶然会った九州縦断氏は、垂水の宿で「仙台から来て佐多岬へ歩いている人を泊めたことがある」と聞いてきたと言い、それは「あなたのことだったのですね」と驚いていた。その宿は2月に泊まり、森伊蔵を当ててくれたK荘だろう。九州縦断氏には昨日に続きこの日も偶然顔を合わせた。世間は狭いと言うが本当にその通り、〝世の中は狭い〟と思った。

第3章

最北端宗谷岬へ 南北縦断完成を目指し道北を歩く プラスα③

当麻〜宗谷岬徒歩の軌跡

2019年 44.04km

当麻（10km）北比布
北比布（14km）和寒町
和寒駅（20km）士別市

2020年 85.90km

士別市（26km）名寄市
名寄市（23km）美深町
美深町（31km）音威子府駅
筬島駅（6km）音威子府駅

2021年 149.76km

筬島駅（38km）歌内駅
歌内駅（30km）幌延駅
幌延駅（35km）兜沼分岐
兜沼分岐（24km）声問
声問（20km）第二清浜
第二清浜（4km）宗谷岬

徒歩日数	13日	宿泊数	13日
徒歩総時間	87時間10分	徒歩総距離	279.70 km
通過市町村	12		

◆計画に当たって

２０１９年６月北見から札幌に帰る際、途中の当麻から比布(ぴっぷ)へ２時間ほど歩きこの旅が始まった。前年12月の下北・大間崎以来の歩きであった。

旭川以北の道北地方は、北海道育ちの私にとっても空白に近い馴染みの薄い地域である。それまでのこの地域との関わりは、大学３年から４年時に父が紋別市渚滑に転勤し、名寄を経て帰省したこと。数年前に士別市の叔母を見舞ったことしか思い浮かばない。他にこの地方に足を踏み入れたのは、１９８０年利尻山に登り家族と稚内を回り宗谷岬を訪れた時、数年前に北見の友人と天塩岳に登山した時の２度だけである。

年に数回札幌と北見を往復していたが、その途中の当麻からこの空白地域を少し歩いてみたいと思っていた。それは〝稚内まで歩きたい〟という気持ちが心の底にあったからである。６月に北比布まで歩いた後、同年10月末北見からの帰途その軌跡を士別市まで延ばした。当時体力低下、時折の体の不調を自覚し稚内まで歩き切る自信はなかった。〝できれば稚内まで〟との気持ちはあったが、必ずしも稚内到達を目的としてはいなかった。

士別から稚内間では名寄から天塩中川間の山間部、豊富から南稚内の長い区間が困難を伴うと思っていた。音威子府～天塩中川間を克服すると何とかなると思い、コロナ感染が落ち着いた２０２０年10月天塩中川を目指し歩く。その時は音威子府の先の筬島までしか歩けなかったが手応えを感じた。その後佐多岬に到達し、宗谷岬到達は「日本列島南北縦断」に繋がる。〝できれば〟から〝必ず〟という気持ちで宗谷岬到達に取り組んだ。

2019年

① 当麻〜北比布　稚内を頭に浮かべ、試しに北へと歩く

道北・稚内方面へは、第1部の旅で通過した旭川近辺のどこから歩き出すと効率的かを考えた。その結果北見と札幌往復の際通過する当麻町の道の駅から、北へ向かうのが最も良いと判断した。最初は時間の関係で、取り敢えず比布駅を目標に歩くことにした。

6月9日、当麻〜北比布　距離10㎞、時間2時間、時速4・5㎞

妹夫妻の車で北見から札幌への帰途、道の駅とうまの先で降ろしてもらい比布駅へと歩き出した。この道は比布駅に向かい北西に一直線に延びている。石狩川を越え、比布駅との中間を過ぎた辺りで旭川から稚内へ向かう国道40号線に行き当たる。交通量の多いこの国道を斜めに横切り、12時過ぎにモダンな造りの比布駅に到着、待機していた妹に電話、迎えに来てもらう間次のために少し先まで歩いていると伝えた。少しだけのつもりが、次に歩き出すのに都合の良い北比布駅までと歩き続ける。この駅に近づいたが、駅に寄らずに直進しより都合の良い稚内への40号線まで歩いた。そこのバス停で北比布駅近くで待機していた妹夫妻に連絡、時刻は1時を過ぎていたが比布駅で昼食にし夕刻には札幌の妹宅に到

着した。

この日は晴天で、北海道の初夏には珍しく歩くと汗ばむほどであった。荷物を車に置き、空身の歩きで平均時速は4・5kmであった。だが、第1部の時のような調子ではない。

北比布～士別　再び北見からの帰途を利用して軌跡を延ばす

北比布まで歩いた約5ヶ月後の2019年10月末、北見からの帰途に前回の延長線上を歩くことにした。今回は妹夫妻も旭川に同宿、2日間に渡ってサポートしてくれた。

10月31日、北比布～和寒駅手前　※距離15km、時間3時間半、時速4・2km

昼食を済ませ前回到達の40号線バス停で下車した。年によっては初雪が見られる季節であるが、この時は降雪の心配のない曇り空であった。国道40号線はほとんどの区間が宗谷本線沿いに稚内へと北上している。北比布駅の次の蘭留(らんる)駅を過ぎるとほとんど人家のない山間の上り道となる。落葉樹はほとんど葉を落とし、山肌が剥き出しになっていた。時折宗谷本線を走る列車の汽笛が聞こえる。この日の行程の半ばの塩狩峠で少憩し、峠から長い坂を下っていると観光していた妹夫妻の車が追い越していった。明朝列車で戻るため塩狩駅の次の和寒(わっさむ)駅を頭に入れて歩く。しかし和寒駅に着く前に暗くなり体力も限界に近くなった。車のサポートを受けているので駅まで行く必要がない。駅手前で行動を打ち切り、妹夫妻と車で宿泊のために旭川に向かった。この日は時速4kmを超えたが後半へばり、第1部の旅の歩きには及ばなかった。

11月1日、和寒駅手前〜士別駅　※距離20㎞、時間5時間半、時速3・7㎞

午後には札幌に向かうので、行動は昼頃までとなる。朝早くホテルを出て、旭川駅から乗車した列車の中で朝食のパンを齧る。列車はワンマンカーで、列車から降りた和寒駅は人影が少なかった。11月に入った北海道の早朝は肌寒く、トレッキングポールを持つ手に手袋を嵌めて歩く。私は子供の頃から手・袋・を・履・くと言っていた。仙台でこの言葉を度々使い笑われた。北海道の方言だろうか？　宗谷本線も国道40号線も、大きな曲がりがなくほぼ真っすぐに北上している。40号は右手が高速道、左側は平野の中を走る宗谷本線に挟まれ、同じような景色の単調な道である。剣淵の道の駅で休憩後、士別市街手前でホテルで朝食を摂ってきた妹夫妻の車に合う。昼を過ぎて士別市街に入ったが、士別駅まで〝トロンパス状態〟の歩みとなる。予定より遅れ午後1時頃士別駅到着。ここから車に同乗し旭川方面に戻る。朝下車して歩き出した和寒駅で降ろしてもらい、前日の到達点との空白部を15分ほど歩いて埋めた。この日の歩行平均時速は3・7㎞と大幅にダウン、義弟からも前日より辛そうに歩いていたと言われた。特に士別市街に入ってからの歩行は亀の歩みのようになり、体力低下は否めないと思った。車に乗ると体は回復したが、今後の歩行に一抹の不安を持つ。

※その後の旅ではさらに低下、この日の値がほぼ上限となった。

士別〜筬島　稚内までの中間に達する

2020年10月、士別から天塩中川まで歩こうと北海道に渡った。2月の九州以来の県外への旅行で、Go To トラベルが始まり旅行解禁のムードが出ていた。

10月24日、士別駅〜名寄駅　※距離26㎞、時間9時間、時速2・9㎞

前日仙台を発ち旭川に宿泊、この日早朝の電車で士別に到着。士別駅から街中を抜け天塩川を渡り宗谷本線の陸橋を越えた。その先は瑞穂駅まで長い直線道となる。出発してから約1時間半後、6㎞ほど歩いた所で向かい側に渡る横断歩道があった。立ち止まって向きを変えた途端、バランスを失い思いがけず尻もちを着いた。ここまでまずまずのペースで進んで来たと思ったが、早くもトロンパス状態か？その後はペースが落ち路面を見ての苦しい歩行が続く。前日新幹線に乗車し足許を見ると、街中を歩く靴を履いていた。旭川で歩行用スニーカーを購入、そのためにザックは10kgを超えている。今回は宿泊地の関係で名寄に3泊、明日からの2日間ホテルに荷を置きJRで往復するが、名寄に着くまでは全てを背負って歩くしかない。余計な靴を背負っているという、心理的にも荷の重さを余計に感じ、路面を見てひたすら足を前に運ぶ。風連手前の道の駅にようやく辿り着き、長めの休憩をした。休憩後やや持ち直し、風連の市街を抜けて直線路を名寄に向かう。JR線と共に左にカーブすると、遙か先の名寄市街へと直線路が延びていた。日は暮れ、街頭があるとそこで休み、それを繰り返し駅の先のホテルに辿り着いた。約26㎞、9時間余荷物を背負って歩き切ったが、歩行時速2・9㎞、この日はトロンパス状態で歩いた下北半島に次ぐ辛い一日となった。

10月25日、名寄駅~美深駅　※距離23㎞、時間7時間、時速3・4㎞

サブザックでホテルを出、街が尽きる手前で北から西へと曲がる。名寄大橋で天塩川を渡ると、名寄美深自動車道に突き当たる。右折して自動車道に沿って北へと進む。名寄までは平野部も巾が広かったが、ここから天塩中川まではJR線も国道も多くは山間を縫って進むようになる。間もなく人家が尽き山間部に入る。小雨模様となり雨具を取り出して着用し、名寄から10㎞ほど歩いて再び小さな平野に出て智恵文(ちえぶん)駅方向に直進する。地図の12線辺りで左折し美深(びふか)市街へと向かう。雨が上がり途中の廃屋で昼食にした。廃屋前は雑草が生え、泥濘みがあり靴を汚してしまう。美深駅には午後2時過ぎに着いた。次の恩根内駅まで元気であれば当然歩く。だが列車の本数が少なく、この調子では名寄に戻る時間が遅くなる。ここで行動を打ち切り、急行サロベツが来るまで駅の中の展示館を見て過ごすことにした。展示された美深線の写真から、美深の当時の活気を感じた。この日は平均時速3・4㎞と前日より少しは回復した。

10月26日、美深駅~音威子府駅　※距離31㎞、時間9時間、時速3・8㎞

午前8時過ぎにバスを降りた美深駅から9㎞先の道の駅へと歩き出した。この日は天気も良く、高い山はないが周囲の山々を眺め、北海道の景色を楽しみながら歩いた。道の駅で休憩後宗谷本線を越える跨線橋を渡る。この先の恩根内駅で昼食にしようと駅への指導標に注意して歩いたが、駅が現れず路肩に腰を降ろして昼食にした。後で地図を拡大し、跨線橋脇の小さな道が線路の向こう側にある恩根内駅への道と知った。この頃から小雨が降り出す。体の調子はここから下がり気味、行く手に尾根が張り出しそれを回り込む道が遠く感じる。狭い山間を通る国道は峠を越え音威子府に向けての長い下りになる。咲来(さっくる)手前でへばり、夕闇が迫る中路側帯の縁に腰を降ろし休憩。腰を路面に着けた時、上半身を支えられず後ろ向きにひっくり返った。それを対向車線で見た車が心配して引き返して来た。その後咲来の駅を過ぎ、音威子府の街灯りを見て最後の歩きで暗くなって音威子府駅に到着。列車で名寄に戻った。

10月27日、音威子府駅〜筬島駅　※距離6・5㎞、時間2時間余、時速3・0㎞

この日の行動は午前中のみである。朝一の列車で名寄から音威子府の先筬島に向かい、そこから旭川への特急が止まる音威子府へ逆に戻ることにした。10kgの荷を背負い、この間の6・5㎞を2時間20分で歩き音威子府駅に着いた。天塩中川までの区間が縮まり、難関の突破に明るい見通しがつく。

＊朝名寄駅にトレッキングポールを忘れ、帰途名寄駅で乗り換える際ホームで駅員からそれを受け取り事なきを得た。

2021年

④ 筬島～幌延　最難関区間を突破

コロナウイルス感染予防のワクチン接種を終え、2021年6月JR東日本の「5日間乗り降り自由・大人の休日倶楽部切符」を利用して前年10月以来の音威子府に来た。初日は仙台から下北半島・番屋前～大間港間を歩く。2日目は大間港からフェリーで函館、そこから五稜郭駅へと歩き、野辺地～五稜郭を繋ぐ。午後8時過ぎに音威子府に着き宿泊。最終日の5日目は仙台へ帰るので行動ができない。行動ができる3日目、4日目の2日間で難関部の筬島～天塩中川を歩き、その先少しでも稚内に近づけたいと考えた。

前回は予定した天塩中川に辿り着けなかったが、筬島～音威子府間を歩きその距離を27㎞に縮めていた。この時は20㎞以上歩く自信がなかったので、3日目はその間にある佐久駅・19㎞も考えた。音威子府から佐久駅間はJR以外に交通機関がなく、長いトンネルもある。山間の道は稚内までの間で最も面倒な区間だと思っていた。3日目に天塩中川か佐久駅に着いても、その周辺にはコロナ禍の下で徒歩で行き泊まれる宿がない。音威子府に戻り、4日目は音威子府から前日到達駅に向かう。このような事情で音威子府駅前のゲストハウスに3連泊とした。4日目に天塩中川から1つでも、2つでも先の駅に着くことを期待してこの旅に出る。

6月25日、筬島駅〜歌内駅　※距離38㎞、時間11時間、時速3・8㎞

音威子府5時33分発の列車で一駅先の筬島へ。午前6時に筬島駅を出発、前回音威子府に向かった同じ道を歩き、天塩川を越えて国道40号に合流した。前とは逆に右折して佐久方面に進む。稚内までで唯一といってよい長い西進区間である。左手には山が迫り、右手の天塩川沿いに蛇行を繰り返し西に向かう。自家用車、トラックなどの交通量は多いが一部を除き歩行の危険は感じなかった。筬島駅から約9㎞、886mの富和トンネルに入る。歩道もしっかり設けられており不安なく歩く。トンネルを抜け、気持ちが楽になり12時前に30分の昼食・休憩を取った。そこから国道と分かれ佐久橋を渡り天塩川を越えると20分で佐久駅に突き当たる。ここで左折し、JR線に沿い天塩川右岸を進む。約2時間で待望の天塩中川駅に到着。木造の駅は特急も止まるが、無人駅でひっそりとしていた。この日の目標に達したが、歩く体力が残っており最終の列車まで充分時間もある。思い切って一駅先の歌内(うたない)駅へ踏み出した。佐久駅からの道をそのまま直進、中川の街を出る直前のコンビニで夕食の弁当を購入した。線路とつかず離れず、約9㎞で蔦が壁を這い上がり、廃駅かと見まがう歌内駅(2022年3月に廃駅)に到着した。午後8時を過ぎると音威子府駅近くで食事を取れる所、購入できる店がない。列車を待つ間コンビニで買った夕食を食べる。最も早く音威子府に帰るた

JR 歌内駅

めに、普通列車で逆方向の幌延（ほろのべ）に向かう。幌延で稚内からの特急宗谷に乗り音威子府に戻った。この日は38㎞近く歩き、最良の結果が残り満足した。

6月26日、歌内駅〜幌延駅　※距離30㎞、時間10時間、時速3・3㎞

音威子府から前日と同じ列車で歌内駅に6時19分着。駅前の道を直進し、昨日佐久手前で分かれた国道40号に合流した。これを北上して、この日の目的地・幌延駅に向かう。国道40号はやや北西に5㎞近く直線が続く。西に向きを変えると、その先に通過を心配した雄信内（おのっぷない）トンネルが現れ、これも無事通過。トンネルを抜けた先で右折し、幌延町への道に入る。直進する40号は幌延ではバイパスになっている。雄信内大橋を渡り、宗谷本線を越えて山道に入り一休み。峠を越えて宗谷本線に向かって下り再び踏切を渡る。天塩川右岸沿いの長い歩きが始まるが、この道には日陰も腰掛けて休む場所もない。右手に廃駅となった安牛駅を見た先で、防雪避けの柵を日除けにし路肩の草叢に寝転がり休憩昼食にした。湿原を横切り上幌延駅を通過すると、次の幌延駅で今回の旅を終了する。いつものことながらゴールがチラつくと、すぐに着くかとの期待が先走る。前方の丘の上に利尻山の頭が見え、もっとよく見ようと前進したがその姿を二度と目にできなかった。幌延手前に北緯45度の標識（写真）があった。この辺りのコンビニは20〜30㎞置き、町に一つという感じである。幌延市街に入る所にコンビニがあり、この日初めて目にしたコンビニで夕食を購入した。幌延駅に到着、出発まで弁当を食べ前日と同じ特急で音威子府に戻った。翌日の夕方には仙台に戻り5日間の旅を終えた。

北緯45度標識

⑤ 幌延～宗谷岬　最北端到達・縦断完成

幌延まで歩いた3週間後に宗谷岬への最終の旅に出た。2019年から当麻を出発点に北へと歩いていたが、前年本土最南端の佐多岬に到達するまでは、宗谷岬到達は希望として歩いていたに過ぎない。だがこれまで歩いてきた軌跡が佐多岬に繋がると、これを必ず宗谷岬に延ばそうと思うようになった。その思いを持ち6月に天塩中川を目指して歩き、予想を超えて幌延まで歩くことができた。それで暑くなる前に宗谷岬に到達しようと思い、7月に一気に残りの区間を歩くことにした。

幌延と宗谷岬間は77km、以前であれば2、3日のコース。今回1日20kmを念頭に考え、予備も含め徒歩日数4日を考えた。日程作成上の問題はコロナ禍での宿泊先と、幌延～南稚内間の移動手段確保である。幌延からスタートするには幌延で、宗谷岬到達時には宗谷岬で宿泊するのが最も良い。しかしどちらも宿泊の予約ができなかった。幌延～南稚内は51kmでこの間に宿泊施設はない。その途中を2回に分け、宿泊のできる南稚内との往復を考えた。国道40号には路線バスがないので、往復にはJRに頼るしかない。幌延から南稚内間の宗谷本線には、兜沼、勇知、抜海の各駅があり、幌延からは兜沼駅まで33km、勇知駅40kmである。それでこの区間は最初幌延～兜沼を歩きJR線で南稚内へ、翌日JRで兜沼に戻りそこから南稚内25kmを歩く。南稚内～宗谷岬は31kmであるが、宗谷岬から帰りのバスが早く、1日で歩き切れない恐れがある。それで宗谷岬へは2日間の計画を立てた。最初の幌延には泊まれないので前回泊まった音威子府、翌日からは南稚内に3連泊にした。

7月15日　幌延駅~兜沼駅分岐　※距離35㎞、時間10時間半、時速3・1㎞

前日遅くに音威子府ゲストハウスに到着、3週間ぶり2度目の宿泊をした。オーナーは私がこれまで道内を回っていたと思ったようだった。60過ぎの老人が包丁研ぎをしながらリヤカーを曳いて旅をし、ここを通った時の動画を見せてくれた。世の中にはいろいろな人がいるものだ。明日の徒歩に必要な分を除いた荷物は南稚内に宅送しておいた。

前回利用した音威子府5時33分発の列車で6時57分に幌延着。サブとはいえ5kg近くの荷を背負い静かな町を抜けた。畑、牧草地、山林の中の道を16㎞先の豊富に向かう。昼には着けるかと思ったが調子は上がらず、11㎞先の豊富温泉を通過後にバス待合小屋で昼食となる。昼食後長い直線路を歩き豊富市街に入り、国道40号線に合流。かつて利尻山登山後、豊富駅前の旅館に家族で泊まった。その時息子が風呂場で滑って転び、何針か縫う怪我をした。駅前付近を通過したが、その旅館は分からなかった。この日初めてのコンビニで腰を降ろして休み、飲み物を補充。長い長い直線状の国道歩きを再開したが、ペースはさらに落ち兜沼への分岐に着いた時には暗くなりかけていた。体力は限界に近く、兜沼まで歩く気力が湧かない。兜沼か豊富のどちらかの駅に行きたいとヒッチハイクする。しかしどの車にも無視され、仕方なく豊富のタクシー会社に電話するも何度掛けても応答がない。途方に暮れていると先ほど兜沼に向かった車が戻って来て止まった。40代の女性で、先ほどは荷物を積んでいたので止まれなかったと言う。また豊富のタクシー会社は、6時を過ぎると電話に出られなくなるとのことである。彼女は私の行き先が豊富と聞き、自分の行き先と逆と気の毒そうに去って行った。ここから唯一の交通機関のJR兜沼駅まで歩く体力はない、豊富のタクシー、車での移動も望めない。20㎞以上先の宿泊地南稚内にどのようにして移動しようかとパニックになりかけた。思い余って20㎞先の南稚内のタクシー会社に電話する。2度目で繋がり20分ほどで来るとのこと、どのような車かと聞くと「タクシーは他に通らないのですぐ分かる」との返事が返ってきた。南稚内に向けゆっくり歩いていると、向かいからタクシーが来てウインカーを出して止まった。その時徒歩の旅最大のピンチから脱出できたとホッとした。タクシーのおかげでホテルの夕食にも間に合い、疲れた体を休め翌日に備えることができた。

7月16日　兜沼駅分岐～声問　※距離24㎞、時間10時間、時速2・7㎞

午前6時前、ホテルの前に紫色の乗用車が止まっていた。中には昨日送ってくれると言った運転手が私服で待っていた。コンビニに寄ってもらい昼食を購入、昨日の地点へと車を進めてもらう。車中彼は稚内は殿様商売で、寂れていると嘆いていた。昨日は暗い中、ピンチを乗り切れた嬉しい気持ちで乗車していた。明るくなってこの道を見ると単調な道が長く続き、この道を戻って来ると思うと意気が上がらない。でも昨日のことを思うと贅沢で、この送迎がなければ兜沼駅からタクシーに乗った地点まで2時間余計に歩かねばならなかった。前日喜びが優先し、タクシー乗車位置の確認を怠ってしまった。だが彼は自動車道IC入口の先、鹿飛び出し注意の看板の所と自信を持ちそこで降ろしてくれた。帰宅してGPSの記録をプリントアウトすると、徒歩の軌跡が見事に繋がっていた。感謝の念で彼を見送り、私は今来た道を歩き出した。右手の丘陵には風力発電の白い風車が連綿と続いている。稚内地方は風速が秒速10m以上の日が年に90日はある強風地帯だという。

道には所々緩やかな起伏があったが、概して単調な歩みが続く。天気は快晴、風がなく暑い。稚内地方には珍しい30度を超える日々が連日続き、熱中症の予防が呼びかけられていた。昨日、この日と一日中炎天下の歩行を続けた。ペースが上がらず辛い歩行となったのは体力低下のせいだけではなかったと思う。

私は途中から国道と並ぶ脇道を歩いた。この道は両側が樹林帯に挟まれていて、途中の木陰で寝転び昼食を摂り休憩した。この道が尽きて国道に戻るとやがて坂になり、坂の中頃に右折する道があった。この道はミルクランドという名の広域農道で、右手下に大きな大沼を眺めアップダウンを繰り返す。私はこの道を10㎞近く歩き、海岸沿いの声問(こえとい)という集落に達した。声問は稚内市の東の

徒歩の旅を粋に感じたタクシー運転手、翌朝乗車地まで送ってくれるその厚意に感激!

30代の運転手はここまで来たのは初めて、本当に客がいるかと半信半疑で来たと言う。お互いに安堵した。車中で徒歩の話をし、乗車点地まで戻らねばならないので翌朝の予約をした。私の話を聞いた彼は、「明日の朝は非番だから自家用車で送ってあげる。予約することない」と言った。私は明朝兜沼駅から乗車地まで歩かず、そこから直接歩き出せるならば料金を倍払っても良い気持ちであった。その申し出は本当にありがたく、その気持ちを謝礼で表した。徒歩の旅を粋に感じた彼はガンとして受け取らない。私は降車の際、料金の少なからずのお釣りを受け取らないことで感謝の気持ちを表した。

翌朝彼の言葉通りホテルに来てくれた。これは徒歩の旅最大、最良の出来事であったかも知れない。

外れで、宗谷岬へのバス路線の国道238号が走っている。私は郵便局前のバス停から市内循環バスに乗車して南稚内に戻った。

この日は10時間行動したにもかかわらず、移動距離は約24㎞と少なく平均時速は2・7㎞と過去最低を更新。35度近くの猛暑の影響が大きかったと思う。気温が高い日が続いたが、翌日からは海岸沿いの歩き、海風を期待した。

7月17日　声問〜第二清浜　※距離20㎞、時間6時間、時速3・5㎞

声問郵便局から歩き出すため、ホテル近くの市内循環バス停で始発のバスを待っていた。しかし、時間がきてもバスが現れない。数分が過ぎて不安に思い出した時、後ろから「バス停が違いますよ」と声が掛かった。振り返ると若い女性で、彼女は私が泊まったホテルの従業員。朝食の際私が宗谷岬方向（行きではない）のバス乗り場を尋ねたのを聞いていたと言う。数分過ぎていたし、地元の人の言うことだからと彼女の言う1本先の国道のバス停に走った。しかしそこの時刻表では宗谷岬行きは2時間後、宗谷岬を経ての鬼志別行きのバス停であった。私はそれより早い声問で止まる循環バスに乗るつもりでいた。元のバス停に戻ったが、バスは通過した後。そこで前々日のタクシー会社に電話した。タクシーの運転手は初老の男性、声問郵便局前にはバスからは5分ほどの遅れで到着した。

この日も快晴だが、海からの風があり、歩きやすいコンディションであった。間もなく右手の稚内空港滑走路に沿っての歩きとなる。この近くにはメグマ原生花園などの湿原がある。国道は宗谷湾を北に向かって弧を描く海岸線に沿っている。振り返ると出発した声問の岬の奥にノシャップ岬が遠望された。増幌を過ぎて人家のある富磯に到着。さらに進み駐在所、学校などの施設のある宗谷の集落に着いた。ここで昼食を摂り稚内行きバスを待つ。食事を終えても1時間余裕があったので、1つ先の第二清浜まで歩いた。14時50分に第二清浜バス停に着き、宗谷岬までは4㎞を切った。1時間で宗谷岬に着くことができるが、稚内への最終バスはここが14時59分である。この日はここからバスで南稚内に戻った。徒歩平均時速は3・5㎞と前の2日よりは早かった。

7月18日　第二清浜～宗谷岬　※距離3・6㎞　時間1時間、時速3・6㎞

当麻から北へ宗谷岬を目指し歩いて来た旅の最終日であり、同時に日本列島南北縦断完成の日でもある。南稚内駅にコインロッカーがないので3泊したホテルに荷物を預け、バスで宗谷岬に向かった。前日到着地の第二清浜で下車、宗谷岬1つ手前のここで降りた乗客は私一人であった。気持ちにゆとりを持ち歩き出す。間宮林蔵が樺太に出発した地点に立つ大きなモニュメントを左手に見て通過、前方に宗谷岬が見え稚内行きのバスと行き合うとあっけなく宗谷岬に到着した。広い駐車場、日本最北端の地の碑などいくつかのモニュメントがある。宗谷岬音楽碑のスイッチを押し、ダカーポの宗谷岬を聴きながら最北端到達を喜ぶ。宗谷海峡の先にサハリンを探したが、霞がかかっていてその姿を見ることはできない。その後宗谷岬公園の丘に上がり、オホーツク海方面を眺め、バス時間までの4時間を過ごす。休憩所で徒歩の人々の記録を見て、日本一周、北海道一周など多くの人が様々な記録を残していることに圧倒された。

休憩所で係の女の子と徒歩の話をし、ついでに本土最端到達証明書を発行してもらった。これがきっかけで、次の神崎鼻でも証明書を手にし、南大隅町役場から佐多岬分を郵送してもらった。そして最後の納沙布岬で4枚全てを揃えることになった。

　荷物を預けた南稚内のホテルにバスで戻ると、風呂に入れてくれ、さっぱりとした気持ちで駅に向かった。勇知駅辺りで列車が鹿を曳くアクシデント、札幌の妹宅に着いた時は日付が変わっていた。

　この旅が終わり、徒歩の旅の残りは長崎県の神崎鼻と根室半島の納沙布岬となった。

宗谷岬へあと一息

本土最北端の碑

緯度・経度・年月日

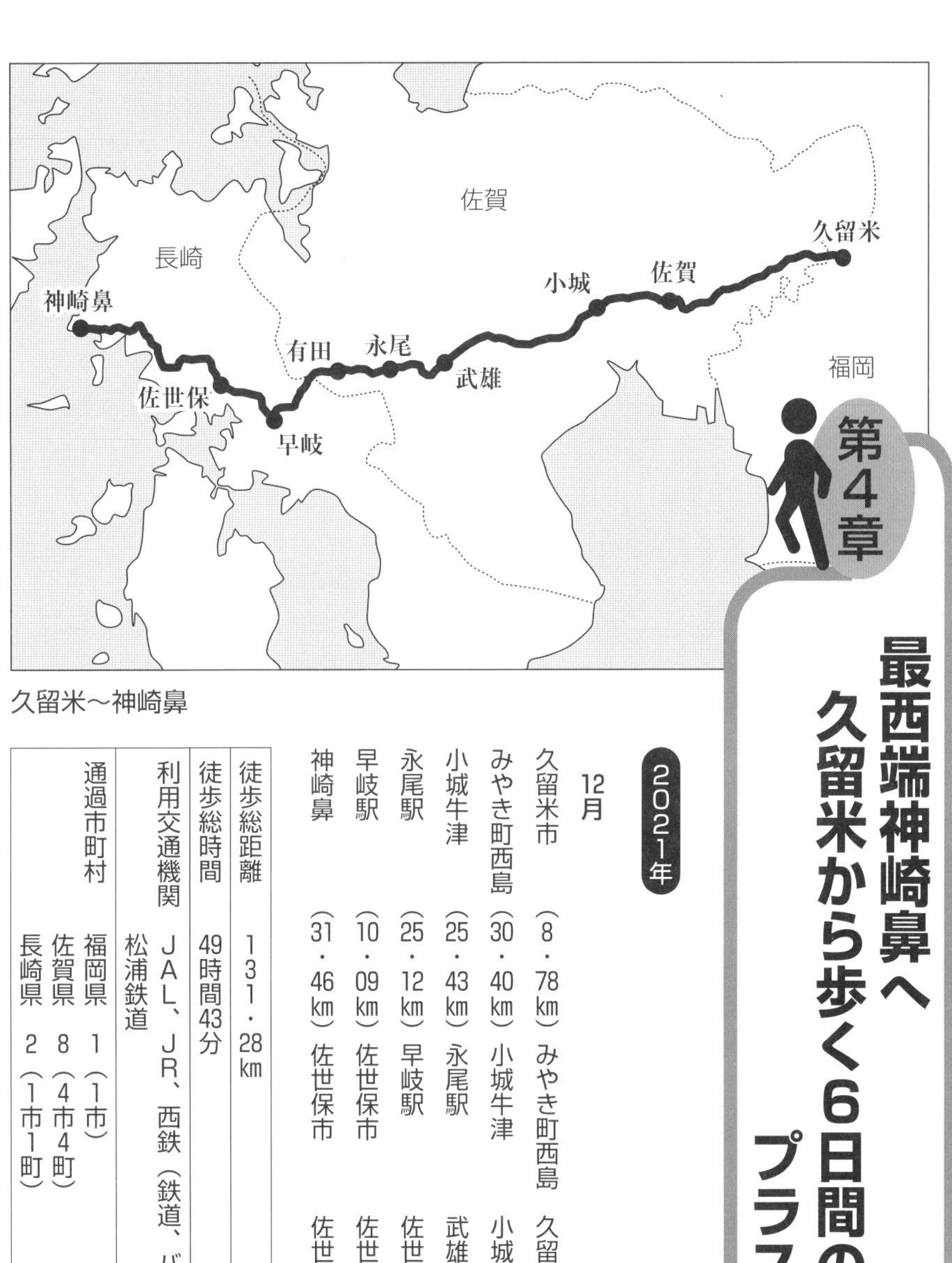

久留米〜神崎鼻

第4章

最西端神崎鼻へ 久留米から歩く6日間の旅 プラスα④

2021年

12月

久留米市（8・78km）みやき町西島　久留米市泊

みやき町西島（30・40km）小城牛津　小城市泊

小城牛津（25・43km）永尾駅　武雄温泉泊

永尾駅（25・12km）早岐駅　佐世保市泊

早岐駅（10・09km）佐世保市　佐世保市泊

神崎鼻（31・46km）佐世保市　佐世保市泊

徒歩総距離	131・28km
徒歩総時間	49時間43分
利用交通機関	JAL、JR、西鉄（鉄道、バス）、松浦鉄道
通過市町村	福岡県　1（1市） 佐賀県　8（4市4町） 長崎県　2（1市1町）

◆計画に当たって

２０２０年に佐多岬に達した時、日本本土四極の存在と最西端が長崎県にある神崎鼻と初めて知った。神崎鼻へは佐世保市を経由する。その佐世保市には佐賀市から武雄市を通過して歩くことになる。このルートと今まで歩いた軌跡を繋げるにはどの地点から歩き始めるのが良いかを最初に考えた。第1部の鹿児島港への九州の旅の鳥栖、久留米のいずれかを候補として検討した。大差はなかったが距離、宿泊、交通の便を考えて久留米からにする。久留米から神崎鼻は自動車道で１２７㎞の距離である。以前ならば4日の行程だが、１日20㎞前後を目安にしている状態では6日間が必要と考えた。

宿泊は久留米市、佐賀市または小城市、武雄市にそれぞれ1泊し、佐世保市には3泊とした。1日目は仙台から午後3時頃久留米市に到着、直ちにバス路線に沿い隣のみやき町江口（約7㎞）までを歩く。2日目は江口から佐賀・久保田駅または小城市牛津（20～28㎞）、3日目は佐賀市または小城市から武雄市まで（20～30㎞）、4日目は武雄市から長崎県・早岐駅（26㎞）、5日目は早岐駅～佐世保市～小浦（21㎞）、6日目は小浦から神崎鼻（12㎞）という計画である。4日目に到達した早岐から宿泊先佐世保に列車で行き、5日目は早岐に戻り小浦を目指す。小浦到達後松浦鉄道で佐世保に戻る。6日目は鉄道で小浦に行き神崎鼻へ歩く。神崎鼻到達後バス、列車で佐世保に引き返す。それで佐世保には3連泊とした。なお佐世保から福岡空港（泊）への移動の7日目は、午後3時まで歩くことも可能で予備日にすることもできる。

２０２１年5月はコロナ禍で一度この計画をキャンセル、12月に同じ計画で実行した。

2021年

12月7日、久留米市〜みやき町西島　※距離9㎞、時間2時間、時速4・1㎞

予約した仙台〜福岡便がコロナ禍のために欠航、早朝仙台を出て新千歳経由で福岡空港に到着。久留米には予定の時間に着き、西鉄久留米駅近くのホテルにチェックイン。予定通り午後3時半過ぎサブに雨具を入れてみやき町へと歩き出す。12月初旬の夕刻、歩き出しは肌寒く感じる。国道3号近くのホテルから西に向かうと間もなく、第1部で鳥栖から歩いて来た国道209号を横断する。この時点から自宅と繋ぐ神崎鼻への軌跡を新たに作り出すことになる。やがてJR線鹿児島本線のガードを潜り国道264号を直進、筑後川に掛かる豆津橋を渡る。川幅の広い筑後川が悠然と流れ、前方平野の奥にはかつて登山した脊振山の山体が見える。夕日が山に隠れかけた頃、豆津橋の先で264号線と分かれ豆津に入りバス路線を西に直進する。ここまでと考えて来た江口手前で日は暮れ、江口に午後5時を少し過ぎて到着した。次のバスにするとあと1時間は歩ける。江口を通り過ぎ先に進む。次のバス停の杉土井団地前は何もない暗い空き地、もう一つ先へと歩き出す。2車線の道は暗くて歩道がない。国道264号と合流する手前の坂はガードレールの下から草木が道路に這い出していた。対向車が来るとガードレールにへばり着きやり過ごす。264号との合流点は三叉路で、信号がなく横断するのに時間がかかった。杉土井で止めれば良かったと後悔する。コンビニ前の西島バス停に着く頃小雨が降り出した。西島バス停からバスに乗車し久留米駅に戻る。バスを降りホテルに着く頃には雨は止んでいた。ホテルで夕食後、近くのコンビニに行き翌日からの3日分を除いた荷物を佐世保のホテルに宅送した。

12月8日、みやき町西島～小城市牛津　※距離30㎞、時間9時間、時速3・6㎞

朝方は寒かったが日中は汗ばむ気温となった。昨日は気持ち良く、予定より多く歩いた。この調子ならこの日は佐賀市を通り越し、予約した小城・牛津のホテルまで行くことができると期待する。西島でバスを降り歩き出したのは8時15分、ペースは前日ほどではないが平常に近い。体調も問題なく、道路状況などをスマホで撮影しながら歩く。国道から農道に入る道路脇路肩で昼食、その後さらに南西への道を進む。神埼市の領域を通過した後、佐賀市街に入る。今までの264号から佐賀市街への道が何本もあり、予定した207号に繋がる分岐点の判断がつかない。直進すると武雄の表示がある。この道はJR線を越えバイパス（?）経由になるから、これを行っても大差ないと直進した。JR線が近づくと、バイパスは自動車専用道路で歩道がないのでは?と山口・小郡を思い出し不安になる。左折して佐賀駅に向かい、佐賀駅前の交番で道路状況を確認した。交番の署員は4人、若い女性警察官もいた。50前後の署員が応対してくれ、路側帯はあるとバイパスまでの道を教えてくれた。できれば小城・牛津まで行きたいと思い「未だ16㎞しか歩いてない」と私が言うと、その途端署員全員が顔を私に向け驚きの声も聞こえた。私は目的の約半分の地

国道距離標識

点で午後2時頃、このペースだと目的地に到達できるか？との不安から発した言葉だった。だがそれを聞いた人達は、10㎞以上歩いたことに驚いた様子だった。ＪＲ線を越えて合流した道は鳥栖から武雄市への国道34号線で、武雄市からは35号線となって佐世保市に至る。バイパスになっている34号は路側帯がしっかりと確保されていた。道路と交差する毎に国道は跨線橋のようにスロープを上がり下がりし、交差道を越えていく。路側帯はスロープを上がることなく平地を進み、スロープを降りてきた34号に合流している。何カ所もこのようになっていて、早くもトロンパス状態の気配が出た私には大変ありがたかった。34号線に入ってからペースが落ち、鍋島駅（佐賀は鍋島藩だった）、久保田駅への表示が出る度にあと何㎞と残りを数えた。街の明かりが灯り出した頃ペースを取り戻し、２０７号線と合流し30分後に牛津のホテルに到着した。ホテルに入る前にＧＰＳの記録のメモを取る。九州といえども12月の夕方は寒く、手が悴みメモを取るのに時間がかかった。予定した距離の上限まで歩くことができ、最初の２日は順調に進んだ。

12月9日、小城牛津〜永尾駅　※距離25㎞、時間10時間　時速3・0㎞

この日の宿泊地武雄温泉駅までは23㎞、充分到達可能の距離である。できれば武雄温泉駅の一つ先、永尾駅まで行きたいと歩き出す。山の中の道を歩くイメージを持っていたが、左のＪＲ線とその先に牛津川が流れる平野の中の開けた道であった。

自動車道は左手のＪＲ線を越えるが、そのまま直進し江北町（こうほくまち）に入る。肥前山口駅（２０２２年9月に江北駅へ改称）で一休み、この街中を抜けると34号線に合流し西進する。やがて大町町（おおまちちょう）に入り中心部の大町駅を通過、さらに西進し北方駅を過ぎる。道はＪＲ線を離れて北側に膨らむ。途中で武雄温泉駅の南を通る道と、駅北口に向かう道に分かれる。少々迷ったが北口を目指す。長崎自動車道を潜るとＪＲ線沿いになる。時折通過する列車の音を聞き、多少ふらつきが出た歩みで北口に着いた。一応目的地に達したが、翌日のことを考えると永尾駅まで歩いておきたい。トロンパス状態の気配がある体の状態を考えて躊躇ったが、午後3時過ぎでまだ明るい、永尾駅まで約４㎞である。いくら時間が掛かっても2時間だろうと歩き出した。ところがすぐにふらつき出し、杖を頼りの今回の旅で最も苦しい歩行となった。数百ｍ毎に休み、1時間経過して35号となった国道とようやく合流したが永尾駅までの半分しか歩いていない。完全にトロンパス状態に陥った。やがて35号線は山間に入る。その手前で今まで巾1ｍあった歩道が突然消え、目の前にガードレールが現れた（**写真下**）。対向車線脇にも歩道はなく、狭い路肩は側溝脇で歩きにくそう。また写真のように大型車が来ると避けるのが大変だ。ガードレールに身をすり寄せこのまま直進したが、後ろからの車に対する危険はさらに大きい。数十ｍ前に横断歩道があったが戻る元気がなく、写真前方の家の辺りで車の途切れを待ち必死の思いで右側へと渡った。そのうちに日が沈みヘッドランプを付けての歩行になった。永尾駅へ約1㎞の地点で、ＪＲ線を潜るガードがあった。対向車は右にカーブしな

突然歩道が消えた

がらこのガードに入って来る。私にとっては対向車が私に向かって来るように見え、対向車からは暗くなり視野が狭くなった中突然壁にへばり付いた私の姿が目に飛び込み驚いたことだろう。数台が減速して通り過ぎて行った。迷惑を掛けたと思う。スマホアプリで駅まで６００ｍという地点で一休み。暗くなり駅への入口を見過ごす恐れがあったので、駅を尋ねるため人家が現れるのを期待して歩く。ようやく現れた酒店で駅の位置を確認した。駅前にはコンビニがあり、数百ｍ先だと言う。私の状態を見て車で送ると言ってくれた。辞退して残りを頑張り、午後6時前永尾駅に到着、6時5分の列車で武雄温泉駅に向かった。牛津を出て武雄温泉駅までは、やや時間がかかったものの想定の範囲内の歩きをした。しかし武雄温泉以降失速し、今後に不安を残す歩きとなった。平均時速は３・０㎞となっていた。

12月10日　永尾駅～早岐駅　※距離25㎞、時間9時間半、時速2・7㎞

永尾駅に降り立ちホームから行く手を眺めると、35号線は張り出した尾根に向かい緩やかに上っていた。駅前のコンビニで昼食を仕入れ、9時前に歩き始めた。歩き出しは前日夕方より調子が良かった。３㎞先で三間坂駅入口を見、さらにＪＲ佐世保線が間近に迫る辺りまでは普通の調子で歩く。しかし有田町に近づき、35号線がトンネルに入り有田町バイパスになる手前で急にペースダウンした。これ以後この日と翌日の歩行は昨夕に続く苦しいものとなる。下北半島のトロンパス状態に近くなっていたと思う。泉山という地名の所で35号線を離れ、ＪＲ線を越えて有田町の中心を

有田町への標識

通る道に入る。上有田駅入口を左に見、店先に展示されている陶器を横目に有田町内を歩く。妻と来て購入し今も使用しているどんぶりと似たものを目にした。だが立ち止まる余裕がない。度々休憩を繰り返し、正午過ぎに有田駅前に着いた。商店街のベンチで昼食を兼ねた休憩を取った。その後少しは回復したがその後もヨタヨタ歩きが続き、自分でも心許ない状態が続いていると感じていた。

有田の町を抜ける手前で私を追い越した車が止まった。40代と思われる女性から「上有田駅辺りを歩いてましたね。大丈夫ですか？　車で送りますよ」と声を掛けられた。それを徒歩の旅の話をして辞退した。その車は先の路地に入って行ったが、その路地を通り過ぎると後ろからその女性の声がした。心配になりもう一度声を掛けようと、私を追ってきたとのこと。私もこの状態ではこの日の目的地の早岐(はいき)到達は無理と諦めていた。でも車で送られると、翌日ここに戻り再度早岐を目指して歩かねばならない。それ故次の駅までは歩きたい。「まだ2時過ぎなので、明るい内に着くと思う。三河内駅まで頑張ります」と彼女に言った。三河内駅まで約8km、彼女も頷いてくれた。再び歩き出すと彼女から3度目の声が掛かった。彼女は自宅に戻り、冷えたペットボトルのお茶を持ってきてそれを差し入れてくれた。他から見るとそれほど心配な状態だったかと再認識し、心配を掛けたことに申し訳ない気持ちになった。それにしても重ね重ねの親切に感謝し、彼女の厚意に報いるためにも無事に歩かねばならないと思った。目的地を手前に変更し、ペースを落としたので辛さは減り確実な歩みができた。三河内に達した時は思ったより早く、体の状態も多少回復していた。当初の目的地早岐駅まで4・7km、今日中に着けば良いとゆっくりと歩く。早岐駅まで1kmを切った所で、2人連れの女子中学生に駅の位置を確認した。暗い中女の子に声を掛けるのを躊躇ったが、彼女達は丁寧に教えてくれた。もう少しと歩いていると、先ほどの中学生のうちの一人が走って来た。説明が不十分で分かりにくいと話し合ったのか、さらに駅への道を補足してくれた。子供の純心に触れ感激した。早岐駅からＪＲで3駅目の宿泊地佐世保に向かう。早岐駅の切符売り場（2階）とホームの上り下り、佐世保駅から宿泊ホテルまでの８００ｍは辛かった。午後8時を過ぎてようやく体を休めることができた。

12月11日　早岐駅～佐世保市　※距離10㎞、時間7時間、時速3・0㎞

一昨日、昨日と歩いている途中、何度も今回の旅の中断を考えた。だがここまでは日程通りに運ぶことができた。早朝昨日暗い中到着した早岐駅に戻った。到着ホームは昨日と逆、徒歩の軌跡を繋ぐために昨日の降車ホームまで行き、早岐駅を8時前に出発した。佐世保方面の標識を確認して歩き出したが、路地を出た所で間違い大村、長崎方面に向かっていた。大きな川に架かる橋の途中で気付き駅方面へ戻る。このために30分時間をロス、その影響もあり調子が上がらない。国道２０６号を歩き、大塔駅手前で国道35号に合流した。昨日調子が良ければこの35号を進み、昨日中の大塔駅到着も考えていた。この日は大塔駅前を通過した時点で早くもふらつきが出た。右手烏帽子岳の麓を巻くように佐世保市街に向かうが、市内までは遠く感じ度々休憩した。休んでも調子は出ず、宿泊しているホテルが近づいた時早くも体力的には限界に近くなっていた。この日は佐世保市を通り過ぎ、小浦まで歩く予定である。午後2時でまだ早かったがホテルに寄り休んだ。1時間ほどベッドに体を横たえると、いつものことながら体はやや回復した。このままだと明日は30㎞以上歩かねばならない。予備日はあるが、この調子では2日間かけても歩き切る自信はない。この日少しでも小浦に近づこうと空身でホテルを出た。海岸沿いに相浦港を目指すが行き詰まり、スマホで確かめ自動車道沿いを進む。だが行き来するためのバス停がない。8㎞の無駄歩きをしてホテルに戻った。

12月12日　神崎鼻～佐世保市

※距離31㎞、時間12時間、時速3・1㎞

5時52分松浦鉄道・中佐世保発、6時29分佐々駅着、駅前で待機の予約タクシーで7時前に神崎鼻駐車場に着いた。日の出直前で、タクシー運転手が自動車のライトを照らし神崎鼻の看板の前で記念写真を撮ってくれた。久留米～神崎鼻間を繋ぐ目的で来たが、最後の佐世保～神崎鼻間で途中ダウンの心配が生じた。交通手段のない山奥でダウンした時の不安が強い。逆に歩くと佐世保に近づくほど遅くなっても交通機関が使え、エスケープルートも増える。神崎鼻にゴールして最後を飾りたかったが、今回は目的区間を完全に徒歩で繋ぐことを優先した。逆に歩き確実に繋ぐ。前日佐々のタクシー会社に電話して早朝の予約をしていた。

本土最西端・記念碑

本土最西端・モニュメント

北に平戸島を望み、本土最西端の記念碑がある神崎鼻公園には展望台、窪地に最西端を説明するいくつかの説明板がある。取り敢えず最西端の地を踏んだ。後は佐世保を目指して歩くのみ。気持ちが軽くなり海岸沿いの道を歩き駐車場へと戻る。途中に最西端のモニュメントがあった。公園入口の漁村では漁から上がったのか若者達がいた。またバス道路に出る途中工事をしている４、50代の人５、６人がいた。歩きながら彼らと挨拶を交わしたが、後者とは雑談もした。土地の人々の純朴な気持ちに触れ、爽やかな気持ちで佐世保を目指す。タクシーで来る時帰路の観察をし、危険な所がないことは確認済み。楠泊港、赤崎トンネルを通り昼頃見返橋で昼食。この先線路沿いを小浦から相浦港へと歩く。相浦からは佐世保市街への標識に導かれ最後の歩きをした。ペースは上がらないが、歩く辛さはない。夕暮れになってバス停が現れ、佐世保市内を通る国道２０４号線に合流した。宿泊ホテルの中心部が見えヤレヤレと思ったが、米海兵隊の駐屯地で道を間違え1時間以上無駄に歩いた。この日は街に近づく気楽さからも順調に歩き、無駄も含め31㎞を歩いた。ホテルに着き久留米からの軌跡と連結し、自宅～神崎鼻間を徒歩で繋ぎ終えた。

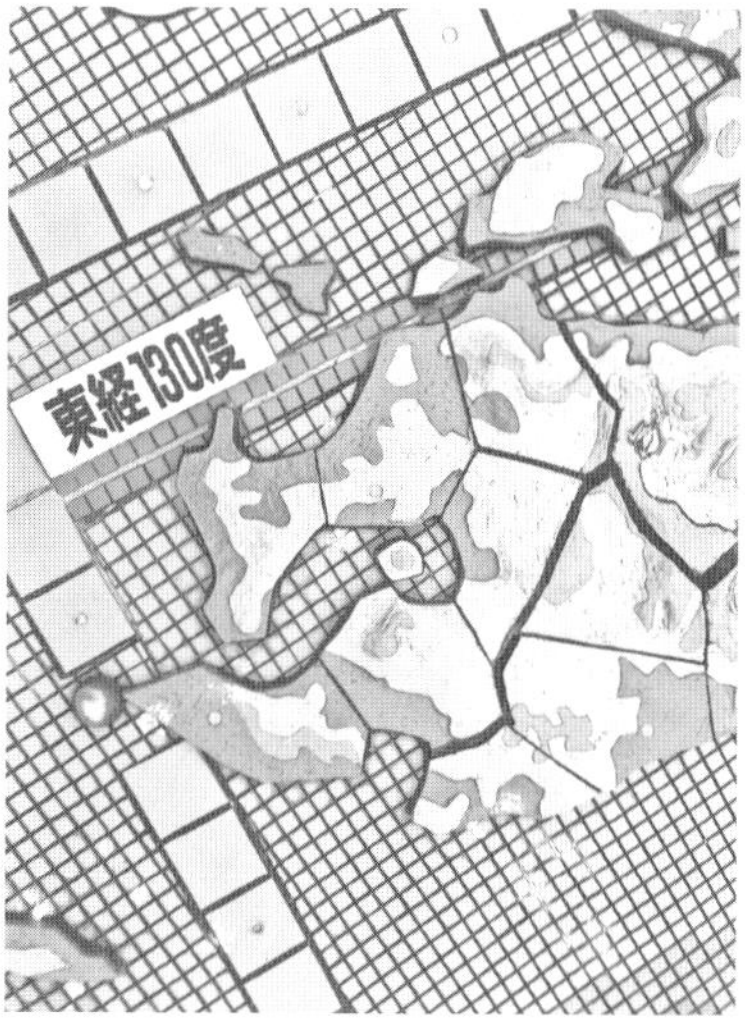

予備日の翌13日、佐世保駅観光案内所で神崎鼻の写真を見せ「日本本土四極　最西端到達証明書」を発行してもらった。佐世保から松浦鉄道で伊万里、ＪＲで唐津、姪浜経由福岡空港に行き、空港近くに

公園窪地にある最西端の表示

宿泊した。松浦鉄道では、たびら平戸口駅停車中に「日本最西端の駅訪問証明書」を発行してもらい、また松浦で途中下車もした。

14日午前空路で仙台に帰着し、それまでの徒歩の旅で最も苦しんだ8日間の旅を終えた。

計画を立てた時は楽勝と思って気軽にこの旅を考えていた。出発する直前には1日20㎞の歩行に不安が生じた。この旅の3日目から5日目は予想以上の厳しい歩行になり、何度も旅の中断を考える今までの徒歩の旅で最も苦しい旅となった。この旅が終わり、本土四極の残りの中標津から納沙布岬への旅の体調が気になり、よほど気を引き締めて掛からねばと思った。

第5章

最東端納沙布岬へ
網走から根室半島へ　プラスα⑤

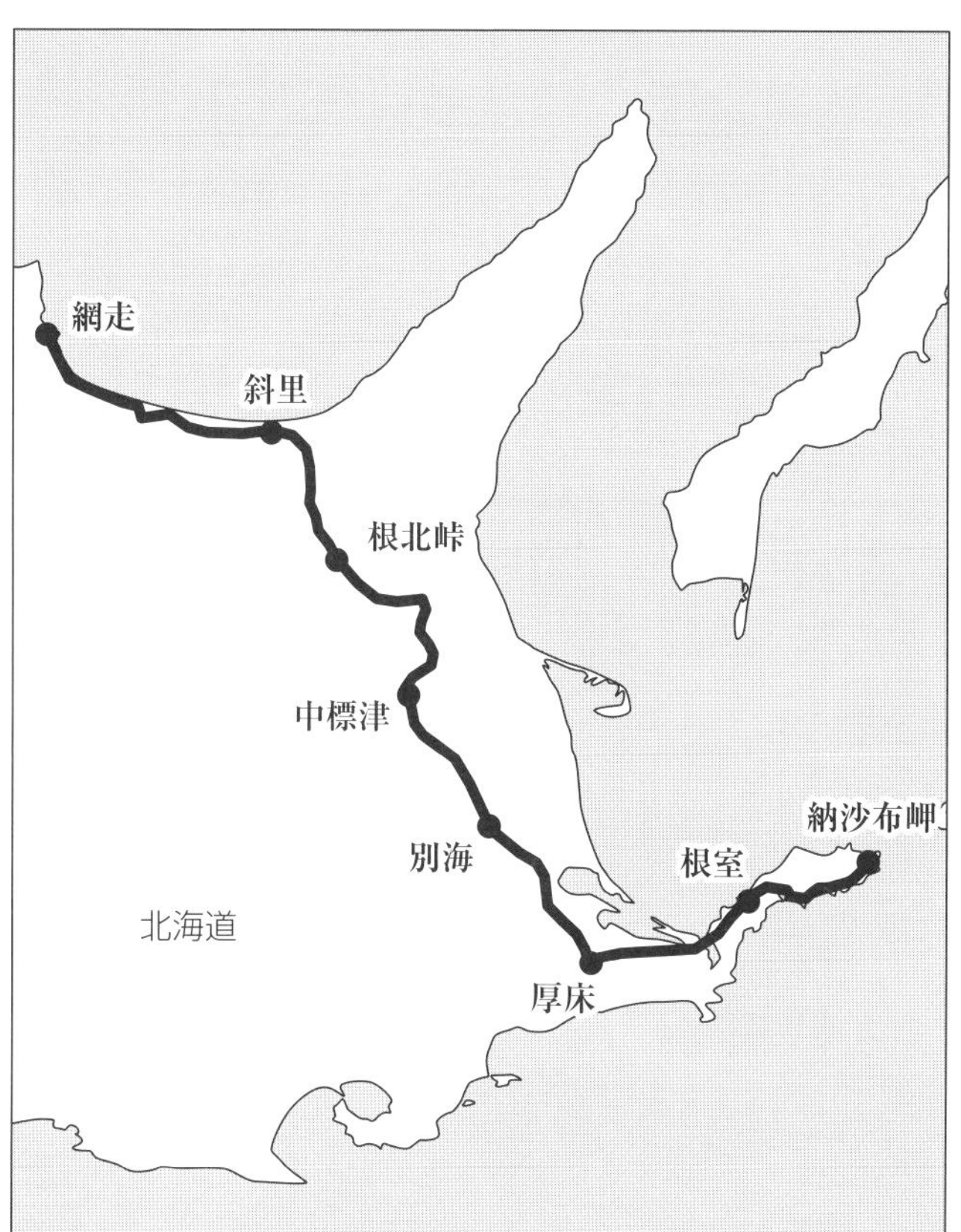

網走～納沙布岬徒歩の軌跡

2021年

8月
網走駅～北浜駅　14・40km

9月
北浜駅～知床斜里　30・74km
知床斜里～根北峠　24・82km
根北峠～川北手前　27・08km
川北手前～中標津　21・50km

2022年

5月
中標津～別海町　23・97km
別海駅～厚床駅　23・47km
厚床駅～根室市　34・60km
根室市～納沙布岬　23・14km

網走～納沙布岬	
距離	223・72km
時間	77時間59分
徒歩日数	9日
通過市町村	6

◆計画に当たって

自宅と日本本土四極の間を徒歩で繋ぐ旅は既に宗谷岬、佐多岬の南北二極を終え、残りは東西の二極である（２０２１年８月時点）。最西端・長崎県神崎鼻は１２０km余、当時は11月以降いつでも歩けると軽く考えていた。その前に最東端・北海道納沙布岬を目標に網走から歩こうと思った。この章は２回に分けて歩き、本土四極到達の最後になった旅の記録、紀行である。

私は高校まで北海道東部・オホーツク管内で育ったが、隣の根室管内は道北の宗谷、道南の松前地方と共に縁の薄い地域であった。第１部の旅で徒歩の軌跡が網走に達し、機会があれば網走から知床まで歩きたいと思っていた。本土四極の最東端の納沙布岬を目指してからは、知床半島を横断し納沙布岬まで歩くことを考えた。だが交通の便がない知床峠を徒歩で越えることは距離、熊の出没を考えると手（足？）が出ない。それに代わり距離が短く知床半島の付け根を越える〝根北峠〟越えを考えた。このルートはオホーツク管内知床斜里（以下昔の呼び名の斜里と記述する）から標津町に至るものである。この間熊との遭遇は少ないと思われるが、問題は斜里と標津間の60kmに公共交通機関、宿泊施設がないことである。数年前なら北見の友人達が車で送り迎えしてくれたと思う。今は車の運転で遠出をしている人は少ない。

２０２１年９月私の徒歩に合わせ、妻、娘がレンタカーを借り観光方々その区間をサポートしてくれることになった。斜里から根北峠まで約24kmを歩き、そこで家族の車（レンタカー）と合流し斜里のホテルに戻る。翌朝その車で根北峠に送ってもらい私は標津へと歩く。私が標津へ歩いている間家族は知床観光し、夕方一緒に標津へ行く。懸案の根北峠越えに目処がつき、最終目的に向けスタートを切った。

2021年

網走〜中標津　家族のサポートを受け根北峠を越える

8月31日　網走駅〜北浜駅　※距離14㎞、時間4時間、時速3・9㎞

朝仙台を発ち、新千歳経由で女満別空港に降り立った。女満別空港は北見、網走へ車で1時間以内の距離にあり、一時期仙台との直行便が飛んでいた。私は帰省、父の看病、母の面倒を見るために数多くこの空港を利用した。この空港への航路は大雪、十勝連峰、日高山脈を越える。東京方面からは雄阿寒岳の真上を通る。父が亡くなり、母が札幌の妹の所に移り住んでからはこの空港の利用が絶え、暫くぶりのその眺めを楽しみにしていた。あいにくの天気で山々を眺めることはできなかった。バスで網走駅に行き午後2時前に駅前のホテルにチェックインした。天候は回復し、翌日の網走〜斜里の距離（41㎞）を縮めようとすぐに斜里に向けて歩き出した。この時は1日30㎞を限度に考えていた。

網走駅から海岸までは子供の頃歩いているが、斜里方面に最も効果的に向かう道は初めて。地図を見て歩き斜里に向かう国道244号線に合流した。海水浴でよく行った鱒浦駅到達を最低の目標に歩き出したが、その鱒浦駅の位置は昔の記憶と異なり通り過ぎてしまった。帰りの列車時間には余裕があったので、鱒浦から次の藻琴駅へとそのまま歩を進めた。前方オホーツク海の先に知床半島が北東へと延びている。夕暮れ時であったが、海別岳（うなべつだけ）、遠根別岳（おんねべつだけ）、盟主・羅臼岳から知床岳までの稜線が望まれた。新婚の時、妻と岩尾別から羅臼岳に登り羅臼へ下ろうとした。悪天で私だけ羅臼岳に登り、岩尾別に引き返した。その時羅臼に降りていたら、今回斜里から岩尾別まで歩き、車で羅臼に回ってそこから納沙布へのルートを考えたかも知れない。明日は知床半島の付け根の斜里に着くのだと張り切り、最近にしては順調なペースで歩く。藻琴からさらに３km先の北浜駅（無人）まで歩き、駅近くのコンビニで夕食弁当を購入しＪＲで網走に戻った。

9月1日　北浜駅～知床斜里　※距離31㎞、時間12時間、時速2・9㎞

徒歩に不要な荷物は斜里に先送りしてある。昨日夕食を購入したコンビニで朝食、飲み物を調達し、サブザックに詰めて北浜駅から歩き出した。すぐ右手に白鳥の飛来地、ラムサール条約登録湿地となった濤沸湖が現れる。この濤沸湖は細長く、ＪＲ浜小清水駅近くまで８kmほど延びている。左のＪＲ線とその先のオホーツク海の海岸に沿い直線の２４４号を進む。私はこの海岸が流氷に埋め尽くされた光景を見たことがある。暖冬の今は流氷の着岸時期、規模は様変わりしていると聞く。

北浜駅と浜小清水駅との中ほどの海岸砂丘に原生花園があり、臨時駅とインフォメーションセンター、土産物、食べ物販売所などがある。この時はハマナスなど開花している植物はほとんど見られず、列車の停車は休止中であった。中に展示物がある綺麗な建物のインフォメーションセンター隣りの食べ物販売所で一休みした。北海道に来て揚げ芋、芋団子を食べるのが楽しみで、この時は揚げ芋を食べた。

ＧＰＳでここまでの時速を見ると３・５㎞、調子が出ないと思っていたが予想外に低調だった。

ここから３㎞ほどで浜小清水駅、ここには道の駅 葉菜野花（はなやか）がある。２４４号は右に直角に曲がり内陸に向かう。その方向になだらかな山容の藻琴山（９９９ｍ）が見える。この山は今は亡き両親、娘と登山した。その他に小学校の同級生らと計5回登っている馴染みの山である。海岸から離れた地点で左に直角に曲がり再び東に斜里を目指す。その前方右手には広い裾野を持ち、頂上部が鋭い斜里岳の姿がある。この斜里岳には大学以来計3度登っている。２４４号線に農道が次々と交わる。この国道は右に左にと2箇所で曲がり、その後東の斜里に向かって真っすぐに延びていた。

日が照りつけ、9月に入った北海道は徒歩には暑すぎた。昼を過ぎ国道脇の木陰で昼食にする。暑さもありペースが上がらず、単調な道の歩きは厳しい。休憩を繰り返すとペースが狂い、休みを取る悪循環となる。疲労が蓄積し、昨日とは逆の苦しい歩行で、午後5時過ぎにようやく斜里新大橋の袂に着いた。

橋は渡らずその手前を左折、国道から離れ海岸の斜里市街を目指す。暮れかけたこの道を通る車は少ない。車で来た時の記憶で斜里中心部はすぐと思ったが、疲労した歩きでなかなか中心部が近づかない。前方に行き交う車のライト、家々の明かりの集落が見え、そこが斜里の中心部と期待して歩く。その集落に着き街頭の明かりの下で地図を見ると、そこはまだ中心部までの中間点、気落ちしたが気を取り直して歩く。その歩みは牛歩の歩みか、それ以下の完全なトロンパス状態になった。青息吐息、ＪＲ線の跨線橋を越え直角に曲がり斜里橋を渡る。斜里駅まで６００ｍ、ホテルは駅のすぐ先にある。ホテルになかなか着かず、600mがこんなに長いのかと思った。午後7時過ぎホテルに到着、第1部で物足りなく思った1日30㎞の距離、この日はとてつもなく長く感じた。夕食のために外出する頃体調はやや持ち直していた。このホテルは連泊で、明日妻、娘とここに同宿する予定である。

この日が今回のヤマバと根北峠を目指し早朝6時過ぎにホテルを出る。宿泊できる標津までは60㎞、この日は24㎞先の根北峠までの予定。調子が良ければ峠を越え翌日の距離を30㎞程度に収めたい。妻と娘は早朝羽田を出、午前中に女満別に到着する。その後レンタカーで観光、午後5時頃根北峠前後で私と合流する。合流後私の泊まっているホテルに向かい同宿する。

9月2日　斜里~根北峠（~斜里）　※距離25㎞、時間11時間、時速2・5㎞

前日に続き快晴だが、朝方は寒くチョッキを重ね着する。斜里の市街を南東へ進むと、右斜め方向から昨日歩いて来た244号が来る。244号はここで右に曲がり、私が進んで来た道と合流し根北峠へと向かう。244号を来た車が交差点を曲がらずに直進すると、その先は国道334号となって知床・ウトロに向かう。私はこの交差点を越え、南東に向かう244号を進む。平野部の長い直線路はやがて東へと向きを変え、再び直線の道が山裾に入るまで続く。途中の道端で初めて休憩し朝食を摂る。日が射すと暑くなりチョッキを脱いだ。再び南東部へ向きを変え、山間を流れる幾品川に沿い山奥に入る。最近は斜里市街にもヒグマが出没する。この辺りからいよいよ熊の警戒区域、ザックには熊にこちらの存在を知らせる鈴を付けていた。地図の越川の地名の所に小学校跡があり、越川橋と名の付いた橋を渡る。やがて右手に平野が開けたが、すぐに本格的な山の中の道となる。広い駐車場があったのでそこで休憩し昼食にした。娘宛にラインでこちらの状況を伝えると、娘からは浜小清水の道の駅に着いたと返信があった。

岩魚橋、山女橋と地図にある橋を渡る。道は地図通り蛇行を繰り返し、峠への本格的な登りとなる。ペースが上がらず、午後5時の合流の時間が気になり出す。歩きに余裕がなく平衡感覚が怪しくなり、前日の斜里到着手前の状態になる。時間を気にして休憩を取らずに歩き続ける。峠の30分手前で斜里からパトカーが上がって来た。イヤな予感通りパトカーは私を追い越して止まった。若い警察官が降りてきて、「峠近くを老人が一人で歩いている」と110番があったと言う。日没近く熊の出没の恐れのある山の真っ只中、年寄りが疲れた様子で歩いているのを車で通りかかった人が心配したのだろう。この先どちらに下るにしても30㎞前後はある。どこで宿泊するか、この先どうするか?と思ったのだろう。彼から住所氏名、歩いている目的と非常の場合の連絡先を聞かれた。私は徒歩の旅の目的と、峠で家族と待ち合わせていることを話した。彼は麓と連絡を取り、「歩く人がい・・・・・・ない道で、トラックが多く飛ばしている、交通量が多いので気をつけて」と言い戻って行った。そこから道路の傾斜は緩やかになり、尾根を越える度に峠かと期待する。何度も期待が裏切られたが、約束の5時5分前に根北峠に到着。約束時間を10分過ぎても　サポートは現れない。連絡を取ろうにも圏外になっていて不通、待っていても仕方が

根北峠（標高487 m）・この先は標津町

ない。先に進んで拾ってもらおうと標津側に下る。5分ほどで〝事故でも起こしたのではないか〟と心配になり峠に戻り、さらに逆に斜里に向けて下る。家族に出合わなければ夜中まで歩き続けることになる。車種が分からないので車が登って来る度に〝来た！〟と期待する。期待外れ数台、約20分下った所でホーンを鳴らした車が止まった。ナビに根北峠が表示されず、入る道を間違えたとのこと。スマホは圏外で私と連絡が取れない、どこかでぶっ倒れているかと心配したと言う。お互いにホッとした。

文明の利器は便利だが圏外、紛失などで連絡がつかなくなるとより大きな混乱に陥る。車で下ると、峠に向かった時は意識しなかった勾配が思っていたより急だと感じた。不調の原因は体調だけでなく上りの負担も影響したのかも知れない。懸念した根北峠に到達し、安堵した気持ちで家族と同宿の夜を過ごした。

9月3日　根北峠〜川北手前　※距離27㎞、時間9時間半、時速3・2㎞

ホテルで朝食を摂り、娘の運転で根北峠まで送ってもらった。昨日苦労して歩いた峠までの道は車で30分足らずであった。妻と娘は知床五湖で自然観察ツアーを申し込んでいて、そのガイドとの約束時間が迫りすぐに今来た道を引き返して行った。

根北峠からの道はほとんど下りで、昨日よりは体調が良く順調に進めそうに感じた。道路工事や道路脇歩道の除草をしている人達がいて、ご苦労様と思いながら通過する。標高３００ｍ辺りまで下った所で昼食。携帯を見ると通信ができる状態になっていた。金山の滝、金山スキー場の看板を通り過ぎ山間部を抜けた。忠類川の蛇行が平地を拡げ、道の両側には耕作地が見られるようになってくる。ここまで来ると、心配の種の〝ヒグマ〟に襲われる恐れが多少は減少したと思った。平坦な道路が真っすぐ続くようになると、山中を下っていた時よりペースが落ち、疲れを感じ農道に入り休憩した。自家用車が私の所で止まり、私と同年配の老人が「どこまで行く？ 送る」と声をかけてきた。彼はトラクターに乗って、先ほど私を追い越したと言う。この道は去年も行方不明者が出てまだ見つかっていない。熊の被害もある心配な道なので、自宅にトラクターを置いて私を送りに来たとのことであった。親切に感謝し心配掛けたことを申し訳なく思ったが、この先で家族と待ち合わせているのでと辞退した。前方に集落、交差する道路が見えるがなかなか近づかず、そこからが長く感じた。約束の場所（右の写真）には時間前に着いた。「これから川北に向かって歩いているので追いついたら拾ってくれ」とラインで伝えた。宿泊地は標津温泉で、翌日はそこから中標津まで歩く予定、川北は中標津への途中にある。ここから6㎞先の川北に向けて歩き出したが、3㎞ほど歩いた地点で羅臼峠を越えてきた2人に追いつかれた。車に乗車すると、「干し草の匂いがする」と娘が言った。宿泊先の標津温泉までは車で約20分の距離であった。

国道244号から川北・中標津方面への標識（歩いてきたのとは逆からの写真）

9月4日　川北手前～中標津　※距離22㎞、時間7時間、時速3・0㎞

昨日拾ってもらった地点まで送られる。この日の2人は私より一足先に根室半島・納沙布岬に行き、その後霧多布を観光する。霧多布から中標津に戻りそこで私と合流し宿泊地養老牛温泉に行く日程である。

川北の町に順調に着き、中心部の郵便局前で休憩。川北を抜けて暫くは平原の中の真っすぐな道が続く。その後山の中に入り、山中の路傍で昼食にした。昼食を終え立ち上がるとま・た・パトカーが向かって来た。実は昨日も老人が乗車を勧めた地点近くと、川北への分岐の手前の2度、別々のパトカーに呼び止められていた。「○○さんではないですね」と念を押すような問いかけを受け、行方不明者（徘徊？）の老人を探しているのかと思った。服装からは別人と判断したようだが確認のために声が掛けられたのだろう。この日で3日連続でパトカーに呼び止められ、根北峠の職務質問？以来パトカーに敏感な私は今回はパトカーを無視して歩き出した。追いかけて来た若い女性の警察官から昨日と同じ質問をされた。老人がまだ見つからずこの日も捜索しているとのこと。北海道の町外れの広大な山野で夜を過ごしたであろう行方不明者を心配し、警察官には職務とはいえ連日の捜索でご苦労様との思いで労いの言葉を掛けた。私は見かけたら連絡すると協力する気持ちになった。

その後一旦山間部を抜け、中標津空港の側で南に曲がり中標津町の中心部に向かった。市街に入る手前の公園を過ぎ、橋を渡って中標津中心部に到達。今回の徒歩の旅はここで終了した。次回は釧路方面の厚床からバスでここまで来て、納沙布岬を目指すつもりである。それで厚床からのバスが到着するバスターミナルまで歩いた。私の携帯操作の誤りで、一旦連絡が取れなくなったが無事2人に合流し養老牛温泉に向かった。

今回も体力的には苦しみながらも、天候に恵まれ家族のサポートを受け難関区間を無事に歩いた。宿泊した養老牛温泉の宿の池にシマフクロウが餌を漁りに来た。それを見てシマフクロウが撮影できる羅臼の宿に泊まったことを思い出した。

※次に述べる翌年の中標津~納沙布岬の旅を終えた後、その帰途妹宅で「ポツンと一軒湯」というテレビ番組を見た。その番組でこのシマフクロウが来る宿が紹介されていた。

翌日は2人と釧路湿原を散策し、阿寒国立公園の川湯温泉に泊まった。2日続けて温泉に入り疲れを癒やした。川湯のホテルは温泉も多彩、料理も花咲ガニなど豪勢であった。しかしコロナの影響で宿泊客は私達の他は、ビジネス客と覚しい男性2人連れだけ。館内は余分な照明を落としシンとして不気味な感じがした。

翌日早朝女満別空港に戻る。東京で勤めている娘は羽田へ、非常勤で仕事を持っている妻は千歳経由で仙台の自宅へとそれぞれ飛び立った。私は網走~斜里間に空白ができた場合、網走から列車でその地点に行き空白を埋める予備日にしていた。その必要がなくなり、宿泊地の故郷北見に午前中に着いた。午後からは3年ぶりに市内を歩いた。北見訪問の度に集まってくれた友人（4人、うち1人は6月に亡くなった）と会いたかった。しかしコロナ禍で迷惑をかけると思い、一切連絡を取らず翌日札幌に向かった。

2022年

中標津～納沙布岬　最東端を目指して徒歩の旅の締め括りをする

前年9月に網走より中標津に到達してから、12月に最西端の神崎鼻へ歩いた。本土最端四極の残りは納沙布岬となった。年を越し春が訪れた２０２２年5月、納沙布岬を目指し最後の旅に出た。中標津～納沙布岬は約１００km、体調を考え１日20kmで5日間の日程を組んだ。前年の神崎鼻では１日に30kmを越えた日もあったが、10kmしか歩けない日もあり苦しい旅であった。今回はその不安を抱え、事前に仙台～松島、仙台～秋保とそれぞれ約20kmを歩き週3回メンズ・カーブスにも通い旅の準備を整えた。中標津～厚床間45kmは別海町に2泊し2日間で歩く。次の厚床～納沙布岬間60kmは根室市と到達点の往復にバスを使用し、３日間で歩く計画である。どのような結果でもそれを受け容れようと出発日を迎えた。

5月9日　仙台から空路新千歳空港、ＪＲで南千歳から釧路を経て厚床、厚床からバスで宿泊地別海町に到着した。桜の開花は20日頃と聞いていたが、別海町の桜は満開であった。バスを降りると肌寒く感じる。Ｍホテルはバス停近く、午後4時過ぎにチェックイン。明日の中標津行きバスに関し、女将さんに朝食の時間の相談をした。彼女は私の徒歩の旅に興味を持ち、以後宿泊（２泊）中親身に世話をしてくれた。

夏には実業団の女子長距離選手の合宿がこのホテルで毎年行われているとのこと。私の歩く道路は車の交通量が他に比べて少なく、冷涼な気候で合宿に適しているという。この日は夕食の注文が間に合わず、紹介されたスーパーで夕食を購入した。その私に女将さんからカレイの煮付の差し入れがあった。

5月10日　中標津〜別海町　※距離24㎞、時間7時間半、時速3・4㎞

バス時間に合わせて早めに朝食を用意してくれ、バスがホテル前を通ると女将さんが窓から手を振って見送ってくれた。昨日の厚床〜別海、この日の別海〜中標津のバス乗車区間を2日かけて逆に歩くことになる。バスから道路状況を観察した限り大きな起伏はなく、路側帯が所々途切れる他はトンネル、橋など危険な箇所は見当たらない。

8ヶ月ぶりの中標津から歩き出す。約5㎞で協和バス待合小屋に着き最初の休憩をする。歩き始めは寒かったが、暑くなり服装調節を行った。私はそれまで給水のために立ち止まるのは時間が勿体ないと、2、3時間ごとの休憩時に大量の水を飲んでいた。しかしふらつき、体調不良の原因が休憩、水分補給の方法にあると思いその対策を考えた。歩きながら水分補給ができる〝トレイルウォーターパック〟を購入し、それを装着する軽いトレランザックも揃えた（写真上）。今回初使用し、20分間隔で給水し、小まめに休憩を取った。使い心地は良く、体調管理に役立ったと思う。

この旅のために購入したザックとウォーターパック

歩く背後の山並みは残雪を纏い、5月の陽光を浴び知床半島の先へと続いていた。道路脇の所々に牧場の看板、牧草地が見られる。車の交通量は他に比べると少なく、この道が冷涼な気候の元で走るのに適していることを納得する。

中間の中春別で昼食休憩、午後4時前にホテル着。本調子ではなかったが、神崎鼻のような極端な体調不良に陥らず歩くことができた。熱い風呂に入り、初日の疲れを取る。夕食後、30分ほど女将さんから実業団の選手達の話を聞き、私は旅の話をした。登山、平地歩きと呼吸法、体調管理に共通点があり大変参考になった。

余談だが納沙布岬到達後、このホテルに無事ゴールした報告と私の旅への心配りに感謝の電話をした。その時女将さんが「この宿のお客さんからこの翌日『車で根室への行き帰りに国道を歩いている人を見た』という話を聞き、無事に歩いていると安心していた」と言っていた。心配してくれたことに感謝し、人のつながりに驚いた。

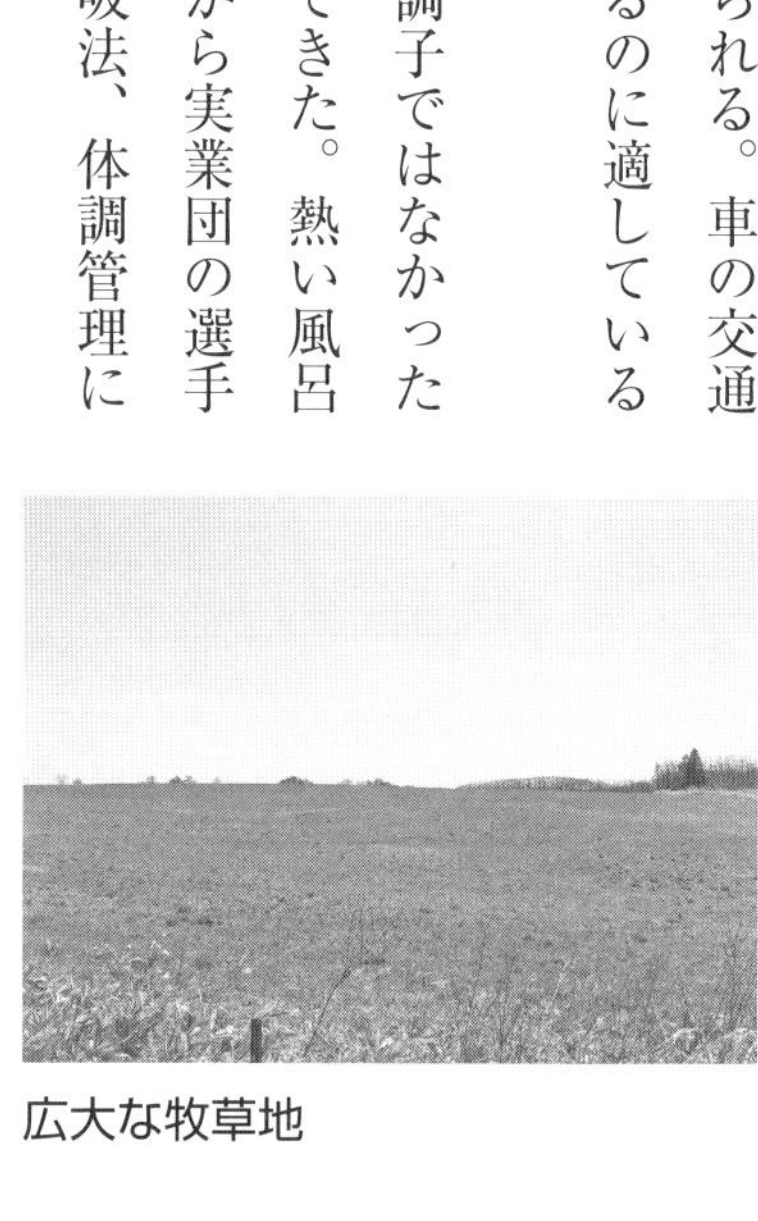

広大な牧草地

5月11日　別海町～厚床駅　距離23㎞、時間8時間、時速3・1㎞

厚床駅に午後3時に着くために自分の足を考え午前6時出発とした。昨日に続き天気は良い。木々の芽吹きを感じる根釧台地の原野の中の国道243号を南へと進む。中標津～別海、別海～厚床のバス路線には乗り降り自由の区間がある。幸いこの利用はしないで済んだが、歩行中に動けなくなった場合には心強い。

別海の町からバスが定期に止まる次のバス停は旧別海温泉、その次の奥行バス停に着いた時は11時を過ぎていた。この2区間に5時間以上掛かった。奥行は厚床とのほぼ中間、飲食ができる施設があるかと期待したが、旧駅逓の記念施設、トイレはあったが人のいる気配はない。ここで軽食を摂り休憩し、後半の厚床駅までの歩きに備えた。奥行を出ると、海岸線に沿って羅臼方面から来て標津町を経た国道244号線に合流する。この道を進み別海町と根室市との境界に至る。この境界の標識を撮影していると、一旦通り過ぎたパトカーが戻って来て「危険だから端を歩くように」と警告して去った。路側帯は狭くはなく（写真下）、その端を歩いていた。注意喚起とは思うが、私の僻みか必要以上の仕事と感じる。その後国道脇に舗装されてない砂利、雑草の道が暫く続いた。安全のためにそこを歩く。厚床近くになると道は上り坂になり、その先が一昨日バスに乗車した厚床駅であった。列車発車の1時間前に到着、厚床から花咲線に乗車して初めての根室市に向かった。ホテルは根室駅から5分ほど、やはり宿泊客は少なかった。暑さもあったが、今回最も調子の出ない一日であった。

別海から厚床への標識

5月12日　厚床駅～根室市　※距離35㎞、時間12時間、時速3・2㎞

根室発午前5時31分の列車で厚床へ向かう。車中で軽食を摂り、6時21分に厚床着。トイレに行き身支度して6時半に厚床駅を出発した。根室、納沙布岬に向かう国道44号線には釧路から91㎞の表示があり、根室駅31㎞、ゴールの納沙布岬まで53㎞の標識もあった。この日は25㎞は歩きたい。その自信はな

厚床から２km 地点

く不安を抱えて歩く。天気が下りにかかるとの予報通り小雨がパラついていた。薄い霧も出て視界は２００ｍくらい。路側帯は時々向かいに移るが、ほとんどの区間しっかりとついていた。時に小雨の天気は10時頃には晴れ間が出て暑いくらいとなる。歩きながらウォーターパックから給水する。ペースは上がらず、道端には休む場所もない。初めて現れた休憩所、風蓮湖の道の駅スワンに正午前に着きゆっくりと休む。ここまでは5時間半で16kmのスローペース。レストランで、カツカレーを食べコーヒーを飲む。徒歩の旅としてはノンビリ過ごし後半の歩きを開始した。橋を渡りこの日の最低到達点としていた東梅の集落を通過する。この辺りからはバス停が適度な間隔で現れる。いつでもバスに乗れると気持ちが楽になる。東梅の次に考えていた濱中組合前も通り過ぎ、体調は悪くなくさらに先へ進む。やがて下方に温根沼(おんねとう)に掛かる温根沼大橋が見え、緩やかに道を下りこの橋を渡る。温根沼は沼という名前だが、橋の左手の先は海、すぐに根室海峡に繋がっている。温根沼バス停で厚床から30km、最低

温根沼大橋道と歩道

自動車専用道路標識

目標を超えていて根室市まで歩こうと思う。やがて幌茂尻（ほろもしり）を過ぎると、その先に自動車専用道路があった。国道はその脇を通り、やがて自動車道から離れ長い直線路になる。根室市中心部の町並みが見えてくると道は坂を下り、上り返して根室駅前を通る。宿泊しているホテルには午後6時半頃到着した。コロナのせいかこの日も宿泊者の姿はあまり見掛けなかった。

道の駅を出た後半は体調を気にせず歩き、歩速は遅いが一日に35㎞歩くことができた。明日は納沙布岬まで約23㎞、ここ3日間の歩きから、明日中の納沙布岬到達を確信した。

5月13日　根室市～納沙布岬　※距離23㎞、時間7時間、時速3・4㎞

小雨模様であり、帰りのバスは最終の17時でなくその前の15時にしたい。それに間に合わせるには出発は7時半がギリギリの時間である。7時半にホテルを出たが、納沙布への国道に出るホテルからの道が込み入って時間を多少ロスした。無事バス路線に出、コンビニの所で左折し海岸沿いを東進するルートに入る。右手からは海鳴りが聞こえてくるが霧で何も見えず、太平洋が姿を現したのは一度だけであった。左手も間近に原野が見えるのみ、湿原には大きくなった水芭蕉が散見された。東北より1ヶ月以上季節が遅れているようだ。

一度だけ姿を現した太平洋

バス待合小屋が所々にあり、雨を避け腰を降ろして休むのには都合が良い。だがタイミングが合わず、それを利用したのは12時頃の一度だけ。歯舞、珸瑶瑁（ごようまい）も素通り、とりといしバス停が現れるとその先に集落が見えた。それがゴールの納沙布、いよいよ最後の歩きとなる。海沿いに岬へと歩くイメージでいたが、歩いて来た国道が根室へと曲がる所を直進するとそのすぐ先が最終目的地・納沙布岬であった。

一日20㎞で100㎞を5日で歩く計画で歩き出した。最初の2日を各24㎞、3日目厚床〜根室35㎞を一気に歩き、最終日となった4日目は雨模様の天候のせいもあり一度の休憩で納沙布岬まで歩いた。計画より1日少ない4日間で105㎞を歩き終えた。極端な体調不良に陥ることなく、予想以上の歩きで無事に目的を果すことができた。

第2部の旅に入り、体力に不安を持ち納沙布岬到達は難しいと思ったことがある。それまでは登山の経験に頼り、体力に任せて歩き装備の工夫に無頓着な私であった。そんな私に妻は筋トレを紹介し、水分補給用パック、歩行の負担軽減のためランニングザック、ウォーキング用シューズの購入に力を貸してくれた。自宅と本土四極を繋ぎ終え、その完成は妻の協力が大きかったと感謝している。

納沙布岬には本土最東端記念碑、きぼうの鐘、四島のかけはし、望郷の家、北方館、北方領土資料館などがあった。資料館では「最東端到達証明書」を発行してもらった。

納沙布岬は本土最東端でも、日本領土の最東端ではないと言う。霧が濃く、歯舞諸島は姿を現さなかった。近くて遠い北方領土の返還はいつになるのだろうか？

63歳で平地歩きを始め、78歳の1ヶ月前に自宅と本土最端四極全てを徒歩で繋ぎ終えた。今は無事歩き終えたことを喜びたい。

自宅と四極間の徒歩で結んだ距離は左記の通りである。

◆自宅～納沙布岬（東）１４４３km　＊納沙布岬　東経１４５度19分01秒
◆自宅～神崎鼻（西）１７７５km　＊神崎鼻　東経１２９度33分18秒
◆自宅～佐多岬（南）２１１８km　＊佐多岬　北緯　30度59分10秒
◆自宅～宗谷岬（北）１２７７km　＊宗谷岬　北緯　45度31分22秒
◆自宅　東経１４０度51分50秒　北緯38度14分52秒
※今後はローカル線の乗降を考える際、駅の存続、運行状況を確認することは不可欠だと思う。

最東端記念碑

花咲線最終点・根室駅正面壁画

徒歩の旅の拘り

自宅から継ぎ足し継ぎ足しで徒歩の軌跡を延ばした。空白区間を埋めるためには時にその区間を逆行したこともある。特に拘ったのは徒歩の軌跡に空白を作らないことで、必ず前回の地点まで行く。一歩も途切れず目的地へ繋ぐことを常に頭に入れて歩いた。

図1はあいの里～札幌駅間の学園都市線太平駅①で下車して札幌駅まで歩いた軌跡と、太平駅②で下車してあいの里まで歩いた軌跡を繋いだものである。厳密に言うと線路間の巾数mに空白がある。後日図1〰部分を歩き空白部を埋めた。（第1部・第6章に記述）

第1部青森を目指した4号線の軌跡と、大間崎へと歩いた軌跡に図2〰の空白があった。宗谷岬に向かう途中、野辺地に下車しこの間隙を埋めた。本州と北海道間の津軽海峡は徒歩で渡れない。田中陽希氏はカヌーで渡ったが、私にはその技術がない。人力で繋ぐことは諦め、第1部では青函連絡船をそれに当てた。第2部ではより距離が短い津軽海峡フェリーで函館に渡った。そのために番屋前から大間港、函館のフェリー埠頭から五稜郭へと新たに歩き、野辺地から大間港を経て、函館からの5号線と結びつく軌跡を作った。

図1

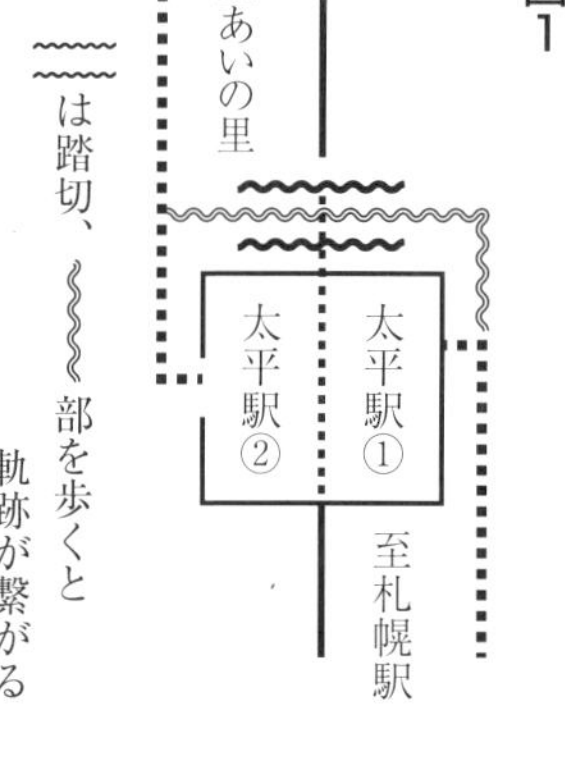

〰は踏切、〰部を歩くと軌跡が繋がる
図の ⋯⋯ 既に歩いた徒歩の軌跡

図2

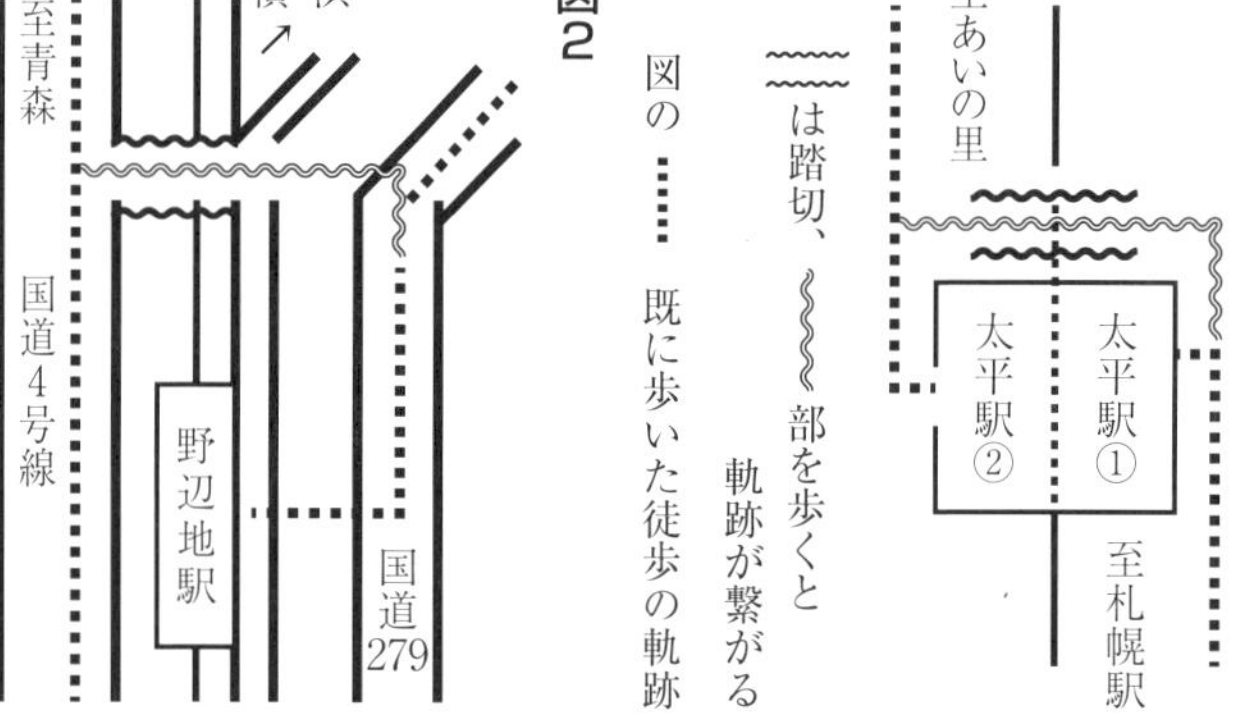

日本列島縦断、本土四極への徒歩の旅を終えて思うこと

1　体調、故障

第1部徒歩の旅での故障は足、股関節の下半身であった。登山では登山靴を大切な要素として吟味する。徒歩の旅当初私は平地歩きを日常運動の延長と思い、靴は運動の際に使用していたズック靴で歩いた。その靴は長い歩きには適せず、汗や水溜まりで濡らし度々靴擦れ、足裏の皮の剥がれを齎した。

第1部の旅当時は道路の傾斜が多少あっても平地では心肺機能に負荷を感じず、休憩は午前中に1、2度、15分から20分程度の昼食休憩を挟み午後からは2、3度を標準に歩いていた。適度の休憩、理に叶った歩行に無頓着で長時間歩き続けた。その結果は時に股関節に違和感が残り、北海道の長万部～札幌間では左足首の靱帯を痛めた。靱帯の痛みは雨水を流す歩道の僅かな傾斜にも敏感に反応し、傾斜が逆の向かい側の歩道へと渡りその痛みを和らげて歩き続けた。股関節の違和感は帰宅後数日続き、足首の治療には1ヶ月近くかかった。第1部後半からは歩き馴れ、各部が鍛えられた感じでほとんど故障を起こさなかった。第2部では体力を考え、無理を避けたことも故障が起きない原因になったと思う。

75歳からの第2部の旅で故障は少なくなったが、歩行の速度は上がらず休憩の回数が増えた。年齢による体力低下を自覚し、体への負担軽減を考えざるを得なくなり、毎朝1時間半ほど続けていたトレーニング量を減らした。出発前にはそれまで無頓着だったコンディション調整を心掛けるようになる。

旅に出ると一日の歩行距離は第1部の40～50㎞から20～30㎞に落ち、日によっては文中のトロンパス状態が起きる。一日の平均時速は3㎞台になり、時には2・5㎞にまで低下。第1部で時速4㎞台で20㎞を半日で歩いたことが信じられない思いとなる。

第1部では出発前に体調を気にかけることもなく、特別な体の準備なしに旅に出ていた。第2部の旅の後半に入り自己流のトレーニングを中断し、新たに仙台に開業したメンズ・カーブスに通い足の筋力アップ、日常運動の意識を高める取り組みをした。さらに納沙布岬への出発1ヶ月前、仙台近郊の20㎞を2回歩いた。それはトレーニングを兼ね、体調と一日20㎞歩くことができるかを確認するためでもあった。

日常生活で脱水症予防が叫ばれ、小まめな水分補給の必要性がいわれていた。私はそれまで写真を撮るために立ち止まるのも勿体ない、水は休憩時間に取れば良いと前に進むことを優先して歩いていた。休憩の回数が少なく一度に大量の水を飲み、時には長時間水分を補給しないこともあった。旅の後半で度々起こったふらつき、トロンパス状態は脱水によるものかも知れないと考え、歩きながら小まめに水分補給ができるトレールウォータパック、それを装着する軽いランニング用ザックを新たに購入した。靴、インソールなどにも気を遣い、考えられる限りの準備をした。これらのことに無理の効かなくなった体が思った以上の頑張りで応え、最後の旅の1日早い目的地到達の成果になったと思う。

体力を含めその時々の状況を客観的に把握し、その対策を考えて準備をする。その当然のことをこの旅の後半で改めて学んだ。その中には体のことだけでなく、コロナ禍での旅のことも含まれている。歩きたい希望を持ち、諦めずにその困難に挑む気持ちを持ち続ける。それはその旅の内容を充実させる。そして結果如何にかかわらず、その旅が自分を納得させるものになると旅の終わり頃に悟った。

大きな事故に遭わず、致命的な故障を起こさずに15年間の徒歩の旅を無事に終えることができた。この間、歩いている私に度々車への乗車の声がけがあった。その誘いは第1部では私を心配してのものではなく、厚意から出た言葉だと思う。唯一の例外が伊達紋別で雨の中を歩いていた時である。その時は靱帯を痛め苦しい気持ちで歩いていた。その様子を車で通りかかった女性が心配して乗車をすすめてくれた。第2部の旅に入ると車からの誘いはさらに多くなった。他人から見ると自分が思っていた以上に心配な状態で歩いていたのだろう。それほど自分が心配をかける状態だと知り、人々の親切心をありがたく思った。一人旅の多い私はこのような他人を思い遣る心、見知らぬ人に対する親切心に触れ、助け合うことの大切さを改めて感じたプラスαの旅でもあった。第1部で旅を終えていたら、このことに気付かなかったと思う。

加齢による体力低下は自然のことである。その対策を考え努力したことは消えてなくなることはなく、旅をしたことも貴重な財産として残る。それ故に例えゴールに達しなくともその結果を受け容れようと思うようになった。このような気持ちを持てたことは体力的に苦しかった第2部の旅で得た最大の収穫だと思っている。

2　国道・舗装道路を歩いて

遠くまで歩きたい、その思いから効率的に歩くルートを追求し、その結果幹線の国道4号、1号、2号、3号の順で本州、九州を歩き、北海道の5号線も歩くことになった。国道の他県道、道道、市町村道も歩いたが、徒歩の旅のメインは2桁、3桁の番号も含めた国道である。私は道路について専門的な知識を持たず、国道は〝国が管理する大きな道路〟という程度の認識であった。その私が多く歩いた国道で感じたことを述べてみる。

国道も含め自動車道は車の移動、効率的な物流を担うために整備されている。〝歩行者優先〟の言葉があり、路側帯が狭い箇所ではほとんどの車が私を避け中央寄りに膨らんで走行してくれた。だが道路の主役はあくまでも車である。歩行者は都市部の交差点で歩道橋を上がり下がりし、地下に潜る通路を歩かされ、インター出入り口では大きな迂回もさせられる。郊外に出ると路側帯が狭い白線になり、それが途切れ向かい側へと国道を横断することもある。信号のない区間もあり、車の途切れを待っての横断はかなりの緊張を強いられた。また両側共に路側帯のない区間があり、ガードレールにへばり着いて歩いたこともある。時には路肩から落ちそうになり、命の危険を感じ遠回りの迂回路を取った。

国道沿いの景勝地の展望台、道の駅などに食堂、売店、トイレの設備があり、徒歩にとってもありがたい施設が所々にあった。その一方日陰がなく、腰を降ろして休む箇所のない単調な路側帯が長く続く区間もある。郊外の路側帯や道路脇では投げ捨てられたペットボトル、食べ物のトレー、車から落下したネジ、ナット、ミラーなどの部品を散見し、直撃されたら一溜まりもないホイールカバーも複数回目にした。徒歩の旅当初は歩行者に厳しい国道を随所に感じ、国道を「酷道」と心の中で置き換えもした。だが第2部・4章で述べた34号線のような国道もある。佐賀駅の先で何本もの道路と交差したが、その度に国道はそれを跨線橋のように上がり下がりして越える。路側帯の方は国道と離れてその脇の平地を進み、道路を越えてからスロープを降りた国道に合流していた。歩行者にとってはありがたい国道であった。

歩く楽しみを求めるならばそのような幹線道を避け、現在では少なくなった未舗装などの足に優しい道路を探し歩くべきかも知れない。幹線道を整備し道路網を発展させることは現代社会では不可欠なことと承知している。その道路工事が環境に配慮して行われ、同時に昔の風情が残り、安全に歩くことができる道路がなおざりにされず存続することを願っている。

山奥の国道で路側帯の除草、土の撤去などの整備をしている人々を度々見掛けた。厳しい区間を安全に歩くことができたのはこれらの人々のお陰と感謝の念を持ちその傍らを通過した。国道を点検、除雪、整備するステーションを見掛け、パトロールカーにも度々出合った。国道にはいろいろな標識がある。標識の距離、方向指示などの情報に、時には混乱もしたが多くの場合は勇気づけられた。

道路を走行していた車から度々乗車を勧められ、ドライバーの思いやりの気持ちをたくさん感じた。また道を尋ねた時に歩いて道案内してくれた人、自転車を降りて一緒に歩いてくれた人の親切な暖かい心にも触れた。この旅を安全に終えることができたのは、道路を歩いて接した人々の支えによるものと感謝の念を抱いている。

3　ネット情報の利用

最近は交通、天候、宿泊などの情報がネットを通じて容易に手に入る。今後は交通機関、機器の進歩に伴い、様々なスタイルの旅が現れると思う。

私の旅の初め頃は地図を眺め、それに指を当てその間隔で距離を推し量り、時刻表を見て行程や時間配分を考えた。スマホを使い出した後半の旅（＋αの旅）では、ルート、最短距離をネットで検索して計画を立てることが多くなった。また出発前にコンピュータのグーグルアースでトンネル、道路の画像をあらかじめ見て安全確認をし、旅のシミュレーションもした。出発してからは道に迷った時、度々スマホのアプリを開き現在地の確認をした。だが現地でスマホに頼り過ぎると電源切れ（充電器を持参したが）、天候、道路状況によっては適切に使用できないことがある。これらの機器に頼ることは、何よりも昔の人と同じように歩こうと始めた旅の思いから外れてしまう。昔とは異なり道路は複雑に入り組んでいる。特に都市部では方角も分からなくなり迷うことが多かった。そのような時でも機器に頼らず、あらかじめ思い描いていた自分の感覚に従って行動した。その結果が誤りで思いがけない事態に陥ってしまうこともあった。でもそれを徒歩の旅に伴う出来事として受け止めようと思った。持参したスマホ、GPSは旅の補助、記録に使うことにして旅を続けた。正しいルートを辿るには歩行中も周囲の観察を絶やさないこと、思い込みに囚われず判断することが大事である。これを疎かにすると平地でさえも道迷いが起きる。山ではそれが命に関わる重大事となる。徒歩の旅のこの経験を今後の登山に活かし、確信を持ち自分の判断ができるようになりたいと思った。

このように今後も昔の人に通じるアナログの旅を続けようと思っていた所、2022年6月30日の朝日新聞の「天声人語」欄で、次のような趣旨の記事を目にした。

執筆者は最近カーナビに頼りっぱなし、スマホの案内にひたすら従っていて、ナビなし、スマホなしでは心許なくなってしまったと述べている。それに続き、『ナビ機器に頼ると、意識は前後左右に集中しがち、東西南北を読む力はあまり使わない。私たちの脳内にあって記憶をつかさどる海馬には方向や位置感覚を担う「場所細胞」があり、その細胞が描く「脳内地図」で自分の所在を把握している』と研究者の言葉を紹介している。そして次のようにも述べている。スマホがなかった時代から、私達の脳に備わっているその精巧な装置を少しでも取り戻すため、時には立ち止まり、親しんだ山々の姿や天空の北極星を仰ぎ見てみよう…、私もそれに同感である。

4　雑感

日本は少子高齢化に直面し、経済の不況も続いている。活気に乏しい地方が多く、バブルの頃建てられたホテル、レジャー施設の廃墟を街道脇の随所に見た。地方の過疎化も深刻で、中心部がシャッター街と化した地方都市も多い。食堂を始め閉まっている店が多く、食事はコンビニで確保することが多かった。家々の扉は閉まっており、時折車が通る光景を寂しく感じた。

これらの問題に拍車を掛けたのが東日本大震災、九州地方の豪雨、地震などの自然災害であり、コロナウイルス感染拡大の社会問題であった。だがこのような中で最近この状況を打破しようとする新しい工夫、試み、その息吹を見た。モダンなネーミングの施設、名産品の開発・販売など地域起こしのエネルギーを各地に感じた。その中には若者の姿もある。

歩き始めの地点に戻るため早朝の電車に数多く乗り、宿泊地に向かうため夕方の列車にも乗車した。これらの時間帯には通学の高校生、専門学校生が多く乗っている。都市部の電車では大きなバッグを抱えた運動部の生徒から部活に対するエネルギーを感じ、郡部では多くの乗客がスマホの画面を眺めている中、参考書を開いて勉強している高校生、マニュアルと睨めっこしている専門学校生を度々見かけた。私は彼らの姿を見て現職当時を思い、心の中で〝頑張れ〟と呟き彼らの姿に日本の将来を期待した。

終わりに

私の徒歩の旅は度々述べて来たように登山ができない期間、東京へ向け歩こうと始めたものである。何の予備知識も持たず日常生活の延長と勢いに任せて歩き始めた第1部、加齢による体力低下、体調不良の不安を抱えた第2部、それぞれの旅で東日本大震災、コロナ禍に直面した。旅を続けてよいものかと思い悩み歩いたが、前項で記述したように旅を続けて得られたものも多かった。

当初は足の故障に直面し、思いのほか難しい現地でのコース判断に戸惑ったが、記録を取り徒歩の軌跡が延びる喜び、旅での様々な経験や心に残る人々との交流が旅を継続する力になった。

徒歩の旅に対する気持ちは、歩き始めのいつか着けば良いという気楽なものから第2部では必ず到達したいと思うように変化した。さらに第2部の旅が終わる頃は、最善を尽くしたのであれば途中で旅を終えても悔いはない、その結果を受け容れる心境になった。徒歩の旅を諦めず継続し、それぞれの過程で考えたことがこのような気持ちの変化を起こしたと思う。徒歩の旅の間、天候、災害などの自然に抗うことができないことに遭い、加齢による体力低下も経験した。体力低下はトレーニング、生活習慣の改善である程度は食い止めることができる。でもそれには限界がある。人間の体は永遠ではない。そのような時人々は互いに助け合って生きている。大切なのは最善を尽くす努力、工夫をすることだと思う。自然や徒歩の旅で接した人々からこれらのことを学び、努力の結果を受け容れる心境に至った。これからはこの気持ちで登山することができるだろうか？　頂上にも拘らない。その分自然と深く接することができるのではなかろうか。このような気持ちは成長なのか、意欲の後退なのか？　今の私には分からない。第1部3章付記で述べた芳野氏の域に少しでも近づいているならば嬉しいと思う。

日本一周、宗谷岬〜沖縄までと私以上の偉大な徒歩の記録を作っている人が沢山いる。その偉大な記録を宗谷岬で見て私は圧倒された。私は徒歩の旅開始から植村さんやそれらの人の後を追う気持ちを持たずに歩いていた。網走と故郷の北見、自宅仙台の太平洋側を歩き鹿児島港を到達点とする旅をした。それを**私なりの日本列島縦断徒歩の旅**と名付け、満足して一旦徒歩の旅を終えた（第1部に記載）。

その後のコロナ禍により徒歩の旅をメインに歩き始め、体力低下、体調不良に苦しんだプラスαの旅を第2部に掲載した。この旅は前述のように体力面、歩く意識も変わっていった。

宗谷岬〜佐多岬を繋いだ後、**自宅と日本本土四極を空白を作らずに全て徒歩で繋ぐ**ことを目的にした。四極には車を使うと誰でも到達できる。でも仙台の自宅と四極を結ぶことができるのは当然のことだがそこに住んでいる私だけである。それを空白のない徒歩の軌跡で結んだ。旅を終えた今、78歳目前に達成した自分を褒めたい気持ちがある。ＧＰＳで旅の全ての記録を取り、それを整理した（巻末資料）。その記録は平凡であるが、私にとって大切な財産となった。

私は歴史、風俗などに疎く、食通でもなく下戸でもある。本書では徒歩で通過した各地の様子をそれらに基づいて述べることができなかった。それに代わり歩いたルートから見た山の名前を紙数の許す限り記述した。

目的を持ち長期間、または短期間物事に集中して取り組み、**強い意志**でそれを成し遂げる人がいる。その一方モチベーションを絶やさず、無理せず時間をかけて取り組む**継続型の**人もいる。人それぞれの性格、対象になる物事により取り組み方を使い分けることができるならば理想であろう。私の徒歩の旅はその中間、どちらかと言うと継続型であったかと思う。

徒歩の旅を志す人、徒歩に限らず様々な旅を考えている人、年齢、病気、体力に不安を抱えながらも様々な旅を志す人々にとって、私の細やかな体験が少しでも参考になれば幸いである。

私の徒歩の軌跡は新たに太平洋岸の松島から奥羽山脈を越え、山形県の天童へと延びている。これからは東北地方を横断し、できれば日本海に面する酒田を目指したい。でも楽しく歩くことができるならば、どこで旅を終えても良いと思っている。

旅の終了に当たり、私と同じ登山、街道歩きの趣味を持ち的確なアドバイスを頂いた札幌在住の北海道大学の島田和久先生、私の小学校時代の恩師で共に登山をし、徒歩の旅に関心を持ち常に励まして下さった同じく札幌在住の藤原幸一先生のお二人に心よりお礼申し上げます。

最後に北海道で車のサポート始め様々なお世話を頂いた稲富様ご夫妻、私の家族の協力に感謝し皆様の良い旅をお祈りし本書を綴じることにします。

出版に当たって清風堂書店、長谷川桃子様には大変お世話になりました。お礼申し上げます。

2022年9月

松木　崇

日本本土四極Ⅱ
最端　出発・訪問・到達　証明書（裏）

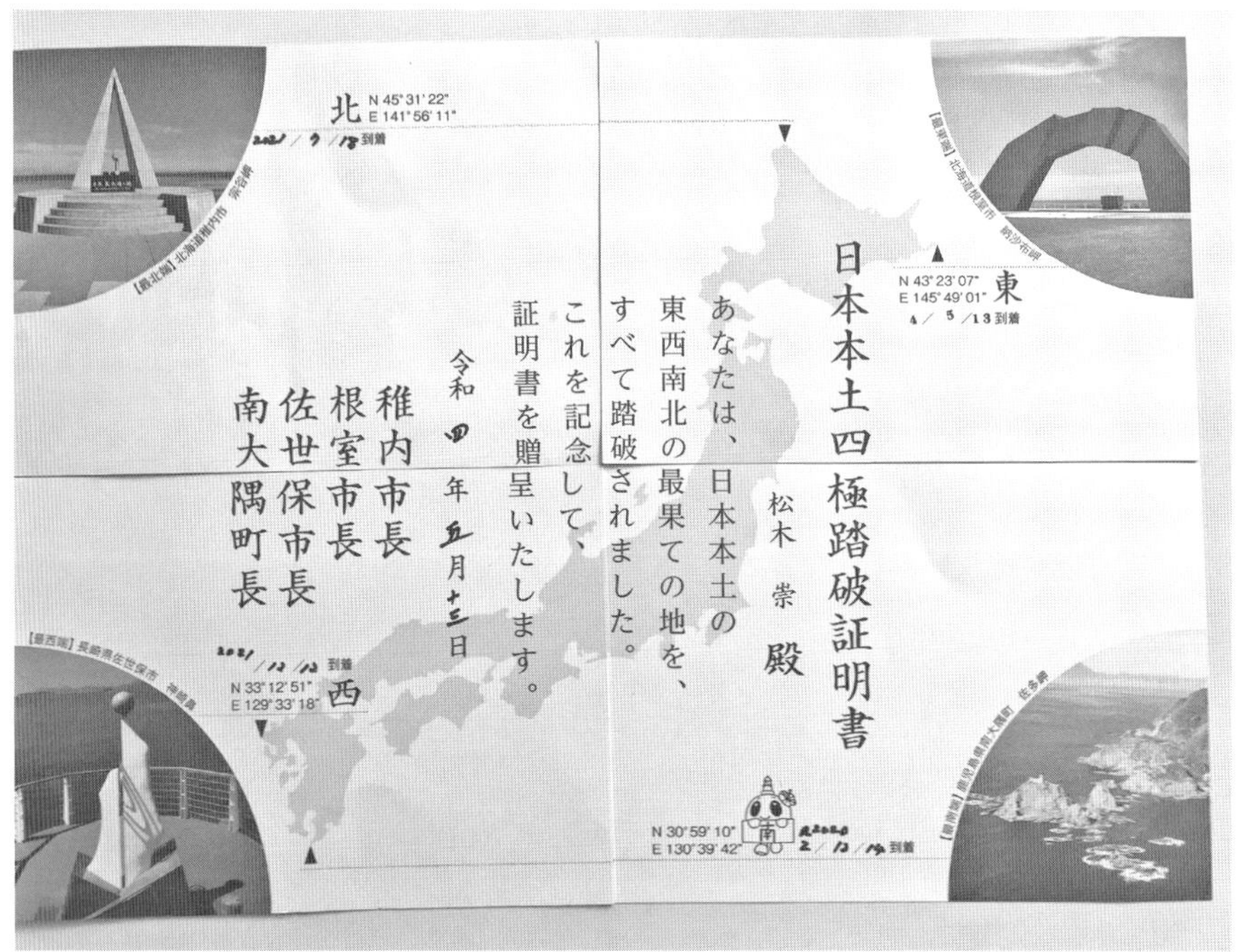

日本本土四極踏破証明書

松木　崇　殿

あなたは、日本本土の東西南北の最果ての地を、すべて踏破されました。

これを記念して、証明書を贈呈いたします。

令和四年五月十三日

稚内市長
根室市長
佐世保市長
南大隅町長

■自宅より本土四極へ歩いた距離

◆自宅（378km）野辺地（114km）大間港（40km）
函館のフェリーターミナル（5km）五稜郭（500km）当麻
当麻（280km）宗谷岬　＊フェリー乗船計算から除く

自宅〜宗谷岬　1277km

◆当麻（222km）網走（224km）納沙布岬　**自宅〜納沙布　1443km**

◆自宅（373km）東京（614km）神戸（631km）水城駅（26km）
久留米（131km）神崎鼻　**自宅→神崎鼻　1775km**

◆水城駅（328km）鹿児島市（172km）佐多岬

自宅→佐多岬　2118km

日本本土四極Ⅰ
最端　出発・訪問・到達　証明書（表）

日本本土四極
最北端 出発・訪問・到達証明書

【最北端】北海道稚内市　宗谷岬

本日、あなたが東経141°56'11" 北緯45°31'22"
日本本土最北端を訪れられましたことを心から
歓迎いたしますとともに、訪問されたことを証
明いたします。

令和 3 年 7 月 18 日

稚内市長

ここで証明する日本本土四極とは、観光PRの一環として島しょ部を除く北海道、本州、四国、九州における四極を定義しています。

日本本土四極
最東端 出発・訪問・到達証明書

【最東端】北海道根室市　納沙布岬

本日、あなたが東経145°49'01" 北緯43°23'07"
日本本土最東端を訪れられましたことを心から
歓迎いたしますとともに、訪問されたことを証明
いたします。

令和 4 年 5 月 13日

根室市長

ここで証明する日本本土四極とは、観光PRの一環として島しょ部を除く北海道、本州、四国、九州における四極を定義しています。

日本本土四極
最西端 出発・訪問・到達証明書

【最西端】長崎県佐世保市　神崎鼻

本日、あなたが東経129°33'18" 北緯33°12'51"
日本本土最西端を訪れられましたことを心から
歓迎いたしますとともに、訪問されたことを証
明いたします。

2021年12月12日

佐世保市長

ここで証明する日本本土四極とは、観光PRの一環として島しょ部を除く北海道、本州、四国、九州における四極を定義しています。

日本本土四極
最南端 出発・訪問・到達証明書

【最南端】鹿児島県南大隅町　佐多岬

本日、あなたが東経130°39'42" 北緯30°59'10"
日本本土最南端を訪れられましたことを心から
歓迎いたしますとともに、訪問されたことを証
明いたします。

2020年12 月 14 日

南大隅町長

ここで証明する日本本土四極とは、観光PRの一環として島しょ部を除く北海道、本州、四国、九州における四極を定義しています。

北　端　宗谷岬　東経141°56′11″ 北緯45°31′22″
北海道稚内市

最南端　佐多岬　東経130°39′42″ 北緯30°59′10″
鹿児島県南大隅町

最東端　納沙布岬　東経145°49′01″ 北緯43°23′07″
北海道根室市

最西端　神崎鼻　東経129°33′18″ 北緯33°12′51″
長崎県佐世保市

自　宅　宮城県仙台市　東経140°51′50″ 北緯38°14′52″

(24) 熊本県　7市（3区）6町
①荒尾市 ②長洲町 ③玉名市 ④玉東町 ⑤植木町
⑥熊本市（北区、中央区、南区）⑦宇土市 ⑧宇城市 ⑨氷川町
⑩八代市 ⑪芦北町 ⑫津奈木町 ⑬水俣市
(25) 鹿児島県　9市4町
①出水市 ②阿久根市 ③薩摩川内市 ④いちき串木野市
⑤日置市 ⑥鹿児島市 ⑦姶良町 ⑧加治木町 ⑨霧島市
⑩垂水市 ⑪鹿屋市 ⑫錦江町 ⑬南大隅町

◆利用交通機関

・JR 東日本・JR 東海
・JR 西日本・JR 九州
・JR 北海道・青い森鉄道
・いわて銀河鉄道・松浦鉄道
・肥薩オレンジ鉄道
・下北交通（バス）他

◆宿泊地　74

南稚内（3）　音威子府（4）
名寄（3）　旭川（3）滝川
札幌（多数）　北見（多数）
網走　斜里　士別　中標津
別海（2）　根室（4）　苫小牧
室蘭　伊達　長万部　八雲
森　函館　青森（3）　三沢
八戸（2）　盛岡　花巻　水沢
福島　須賀川　大田原
上三河　春日部　東京（5）
横浜　国府津　三島
焼津（2）　浜松（2）　東岡崎
名古屋　四日市　亀山（2）
水口　京都　大阪　三宮
明石　姫路　赤穂　岡山（2）
福山　三原　西条　広島
岩国　周南　小郡　下関（2）
博多（2）　鳥栖　久留米
小城　武雄　佐世保（3）
熊本　八代　水俣　阿久根
市来　鹿児島（4）　国分
垂水　鹿屋（3）　南大隅（3）

◇通過自治体一覧

都道府県	市	区	町	村
北海道	22	6	25	2
青森	4		9	1
岩手	7		6	
宮城	7	3	3	1
福島	7		4	2
栃木	7		4	
茨城	1			
埼玉	4		2	
東京都		9		
神奈川	6	4	3	
静岡	12	5		
愛知	8	5	1	
三重	4		1	
滋賀	5			
京都府	2	5	1	
大阪府	5	3		
兵庫	10	6	2	
岡山	5	3	1	
広島	7	5	1	
山口	8		1	
福岡	12	6	4	
佐賀	5		5	
長崎	1		1	
熊本	7	3	6	
鹿児島	9		4	
計	165	63	84	6

1都（9区）2府22県165市（63区）84町6村　（市町村計255）

(11) 静岡県　12市（５区）
①三島市 ②沼津市 ③富士市 ④静岡市（清水区、駿河区）
⑤焼津市 ⑥藤枝市 ⑦島田市 ⑧掛川市 ⑨袋井市 ⑩磐田市
⑪浜松市（東区、中区、西区）⑫湖西市
(12) 愛知県　８市（５区）１町
①豊橋市 ②豊川市 ③岡崎市 ④知立市 ⑤刈谷市 ⑥豊明市
⑦名古屋市（緑区、南区、熱田区、中区、中川区）⑧蟹江町 ⑨弥富市
(13) 三重県　４市１町
①桑名市 ②朝日町 ③四日市市 ④鈴鹿市 ⑤亀山市
(14) 滋賀県　５市
①甲賀市 ②湖南市 ③栗東市 ④草津市 ⑤大津市
(15) 京都府　２市（５区）　１町
①京都市（山科区、東山区、下京区、南区、伏見区）②久御山町
③八幡市
(16) 大阪府　５市（３区）
①枚方市 ②寝屋川市 ③高槻市 ④摂津市
⑤大阪市（東淀川区、淀川区、西淀川区）
(17) 兵庫県　10市（６区）２町
①尼崎市 ②西宮市 ③芦屋市 ④明石市 ⑤播磨町 ⑥加古川市
⑦神戸市（東灘区、中央区、兵庫区、長田区、須磨区、垂水区）
⑧高砂市 ⑨姫路市 ⑩太子町 ⑪相生市 ⑫赤穂市
(18) 岡山県　５市（３区）１町
①備前市 ②岡山市（東区、中区、北区）③倉敷市 ④浅口市
⑤里庄町 ⑥笠岡市
(19) 広島県　７市（５区）１町
①福山市 ②尾道市 ③三原市 ④東広島市 ⑤海田町
⑥広島市（安芸区、南区、中区、西区、佐伯区）⑦廿日市市 ⑧大竹市
(20) 山口県　８市１町
①和木町 ②岩国市 ③周南市 ④下松市 ⑤防府市 ⑥山口市
⑦宇部市 ⑧小野田市 ⑨下関市
(21) 福岡県　12市（６区）４町
①北九州市（門司区、小倉北区、八幡東区、八幡西区）②水巻町
③遠賀町 ④岡垣町 ⑤宗像市 ⑥福津市 ⑦古河市 ⑧新宮町
⑨福岡市（東区、博多区）⑩大野城市 ⑪太宰府市 ⑫筑紫野市
⑬久留米市 ⑭筑後市 ⑮みやま市 ⑯大牟田市
(22) 佐賀県　５市５町
①基山町 ②鳥栖市 ③みやき町 ④神埼市 ⑤佐賀市
⑥小城市 ⑦江北町 ⑧大町町 ⑨武雄市 ⑩有田町
(23) 長崎県　１市１町
①佐世保市 ②佐々町

■徒歩の旅 GPS 旅毎記録一覧

◆通過自治体

（1）北海道　22市（6区）　25町2村

①稚内市 ②豊富町 ③幌延町 ④中川町 ⑤音威子府村 ⑥美深町
⑦名寄市 ⑧士別市 ⑨剣淵町 ⑩和寒町 ⑪比布町 ⑫当麻町
⑬愛別町 ⑭上川町 ⑮遠軽町 ⑯北見市 ⑰美幌町 ⑱網走市
⑲斜里町 ⑳標津町 ㉑中標津町 ㉒別海町 ㉓根室市 ㉔旭川市
㉕深川市 ㉖滝川市 ㉗砂川市 ㉘奈井江町 ㉙美唄市 ㉚岩見沢市
㉛当別町 ㉜札幌市（北区、東区、中央区、白石区、豊平区、清田区）
㉝新篠津村 ㉞北広島市 ㉟恵庭市 ㊱千歳市 ㊲苫小牧市 ㊳白老町
㊴登別市 ㊵室蘭市 ㊶伊達市 ㊷洞爺湖町 ㊸豊浦町 ㊹長万部町
㊺八雲町 ㊻森町 ㊼七飯町 ㊽北斗市 ㊾函館市

（2）青森県　4市9町1村

①青森市 ②平内町 ③大間町 ④風間浦村 ⑤むつ市 ⑥横浜町
⑦野辺地町 ⑧東北町 ⑨三沢市 ⑩おいらせ町 ⑪八戸市 ⑫南部町
⑬三戸町 ⑭五戸町

（3）岩手県　7市6町

①二戸市 ②一戸町 ③岩手市 ④滝沢市（当時、滝沢村）⑤盛岡市
⑥矢巾町 ⑦紫波町 ⑧花巻市 ⑨北上市 ⑩金ケ崎町 ⑪奥州市
⑫平泉町 ⑬一関市

（4）宮城県　7市（3区）3町1村

①栗原市 ②大崎市 ③大衡村 ④大和町 ⑤富谷市 ⑥名取市
⑦仙台市（泉区、青葉区、太白区）⑧岩沼市 ⑨柴田町
⑩大河原町 ⑪白石市

（5）福島県　7市4町2村

①国見町 ②桑折町 ③伊達市 ④福島市 ⑤二本松市 ⑥大玉村
⑦本宮市 ⑧郡山市 ⑨須賀川市 ⑩鏡石町 ⑪矢吹町 ⑫泉崎村
⑬白河市

（6）栃木県　7市4町

①那須町 ②大田原市 ③那須塩原市 ④矢板市 ⑤さくら市
⑥高根沢町 ⑦宇都宮市 ⑧上三川町 ⑨下野市 ⑩小山市 ⑪野木町

（7）茨城県　1市　①古河市

（8）埼玉県　4市2町

①栗橋町 ②幸手市 ③杉戸町 ④春日部市 ⑤越谷市 ⑥草加市

（9）東京都　9区

①足立区 ②荒川区 ③台東区 ④千代田区 ⑤中央区 ⑥港区
⑦品川区 ⑧目黒区 ⑨大田区

（10）神奈川県　6市（4区）3町

①川崎市 ②横浜市（鶴見区、神奈川区、保土ケ谷区、戸塚区）
③藤沢市 ④茅ヶ崎市 ⑤平塚市 ⑥大磯町 ⑦二宮町 ⑧小田原市
⑨箱根町

■ GPSの記録（GARMIN 60CSx）

◆私なりの日本列島縦断徒歩記録一覧（第１部の旅）

区　　間	年　月　日	距　離	時　間
北海道（網走～函館）	2013.08～2016.07	726.57km	182h18m
東北北部（仙台～青森）	2009.01～2011.07	423.10km	105h45m
東北南部（仙台～日本橋）	2007.11～2009.02	373.68km	93h14m
東京（日本橋～五反田）	2009.02～2012.01	13.00km	4h00m
東海道（五反田～京都）	2012.01～2014.03	518.71km	128h42m
関西（京都～神戸）	2014.03	82.26km	23h10m
関西・中国道（神戸～下関）	2014.11～2015.03	532.32km	132h31m
関門海峡（下関～関門海峡）	2015.03	0.78km	0h12m
九州（関門海峡～鹿児島港）	2015.03～2016.03	426.09km	122h33m
網走～鹿児島港	2007.11～2016.07	**3096.51km**	**792h25m**

▽東海道・日本橋～京都三条大橋　531.71km
▽本州縦断・青森駅～下関　1943.07km
○網走～鹿児島港の徒歩総距離　3,096.51km

◆日本列島南北縦断・本土四極徒歩記録一覧（第２部＋α１～５の旅）

区　　間	年　月　日	距　離	時　間
最北端・当麻～宗谷岬	2019.06～2021.07	279.70km	87h10m
下北半島・野辺地～大間崎	2018.06～2018.12	113.98km	35h15m
最南端・鹿児島市～佐多岬	2020.02～2020.12	171.56km	56h14m
最西端・久留米市～神崎鼻	2021.12	131.28km	49h43m
最東端・網走～納沙布岬	2021.08～2022.05	223.72km	77h59m
	2018.06～2022.05	**920.24km**	**306h21m**

※下北半島は2021.06の番屋～大間港5.60km、1h40mを加えた値
○宗谷岬～佐多岬の徒歩総距離　3,396.99km　＊フェリー40kmを除く
宗谷岬（279.70km）当麻（505.81km）函館津軽海峡フェリーターミナル
津軽海峡フェリーターミナル（※40km）大間港フェリーターミナル（113.98km）野辺地駅
野辺地駅（1,899.07km）下関（0.78km）門司海峡（426.09km）鹿児島港
鹿児島港（171.56km）佐多岬　※40kmは含まず
○2007年～2022年の徒歩総距離　4,016.75km
※第１部の旅　3,096.51km＋第２部の旅　920.24kmの合計

■徒歩日数　137日（第１部92日＋第２部45日）

■徒歩総時間　1098h46m（第１部792h25m＋第２部306h21m）

③．最北端・宗谷岬（当麻町～宗谷岬）

No	年月日	区　間	距離 km	時　間	km/h
Ⅰ	**2019.0609**	**当麻町～北比布**	**9.88**	**2h16m**	**4.5**
Ⅱ		**北比布～士別駅**	**34.16**	**9h02m**	
2	2019.10.31	北比布～和寒	14.54	3h30m	4.2
3	2019.11.01	和寒～士別駅	19.62	5h32m	3.7
Ⅲ		**士別駅～筬島駅**	**85.90**	**27h30m**	
4	2020.10.24	士別駅～名寄駅	25.65	9h15m	2.9
5	2020.10.25	名寄駅～美深駅	22.78	6h55m	3.4
6	2020.10.26	美深駅～音威子府駅	30.98	9h00m	3.8
7	2020.10.27	音威子府駅～筬島駅	6.49	2h20m	3.0
Ⅳ		**筬島駅～幌延駅**	**68.03**	**20h45m**	
8	2021.06.25	筬島駅～歌内駅	38.34	11h05m	3.8
9	2021.06.26	歌内駅～幌延駅	29.69	9h40m	3.3
Ⅴ		**幌延駅～宗谷岬**	**81.73**	**27h37m**	
10	2021.07.15	幌延駅～兜沼分岐	34.70	10h27m	3.1
11	2021.07.16	兜沼分岐～声問郵便局	23.78	10h05m	2.7
12	2021.07.17	声問郵便局～第二清浜	19.65	6h05m	3.5
13	2021.07.18	第二清浜～宗谷岬	3.60	1h00m	3.6
計		**当麻町～宗谷岬**	**279.70**	**87h10m**	

※津軽海峡フェリーターミナル～五稜郭駅　5.28km、1h40m（2021.06.26）

⑤．最東端・納沙布岬（網走～納沙布岬）

No	年月日	区　間	距離 km	時　間	km/h
Ⅰ		**網走駅～中標津**	**118.54**	**43h20m**	
1	2021.08.31	網走駅～北浜駅	14.40	3h40m	3.9
2	2021.09.01	北浜駅～知床斜里	30.74	12h10m	2.9
3	2021.09.02	知床斜里～根北峠	24.82	11h00m	2.5
4	2021.09.03	根北峠～川北３キロ	27.08	9h20m	3.2
5	2021.09.04	川北３キロ～中標津	21.50	7h10m	3.0
Ⅱ		**中標津～納沙布岬**	**105.18**	**34h39m**	
6	2022.05.10	中標津～別海町	23.97	7h31m	3.4
7	2022.05.11	別海町～厚床駅	23.47	8h15m	3.1
8	2022.05.12	厚床駅～根室市	34.60	11h50m	3.2
9	2022.05.13	根室市～納沙布岬	23.14	7h03m	3.4
計		**網走駅～納沙布岬**	**223.72**	**77h59m**	

◆プラスαの旅・GPSの記録一覧

①. 下北半島（野辺地駅～大間崎、大間港FT）

No	年月日	区　間	距離km	時　間	km/h
Ⅰ		**野辺地～＊地点、大湊～近川**	**31.90**	**10h05m**	
1	2018.06.24	野辺地駅～＊地点	19.10	5h35m	4.0
2	2018.06.25	大湊（陸奥田名部）～近川駅	12.80	4h30m	3.5
Ⅱ	**2018.10.14**	**＊地点～北塚名平**	**15.40**	**4h35m**	**4.0**
Ⅲ		**北塚名平～近川、大湊～大間崎**	**61.08**	**18h55m**	
4	2018.12.04	陸奥横浜駅～近川駅	13.30	4h30m	3.2
5	2018.12.05	大湊（陸奥田名部）～下風呂温泉	26.60	8h15m	3.8
6	2018.12.06	下風呂温泉～大間崎	21.18	6h10m	3.6
	2021.06.24	**ばんや前～大間港FT**	**5.60**	**1h40m**	**3.4**
計		**野辺地～大間崎、FT**	**113.98**	**35h15m**	

＊は軽自動車乗車地点　FTはフェリーターミナル

②. 最南端・佐多岬（鹿児島市～佐多岬）

No	年月日	区　間	距離km	時　間	km/h
Ⅰ		**鹿児島市～鹿屋市高須**	**109.00**	**35h12m**	
1	2020.02.21	鹿児島市～加治木駅	25.91	9h20m	3.3
2	2020.02.22	加治木駅～小廻	19.39	6h25m	3.4
3	2020.02.22	道の駅たるみず～海潟	10.20	3h00m	3.4
4	2020.02.23	小廻～道の駅たるみず	18.92	6h34m	3.2
5	2020.02.24	海潟～鹿屋市高須	34.58	9h53m	3.8
Ⅱ		**鹿屋市高須～佐多岬**	**62.56**	**21h02m**	
6	2020.12.12	鹿屋市高須～道の駅 根占	25.88	8h15m	3.6
7	2020.12.13	道の駅 根占～南大隅町馬籠582	26.96	9h35m	3.2
8	2020.12.14	馬籠582～佐多岬	6.22	2h12m	3.2
9	2020.12.14	佐多岬～馬籠429	3.50	1h00m	3.5
計		**鹿児島市～佐多岬**	**171.56**	**56h14m**	

④. 最西端・神崎鼻（久留米市～神崎鼻）

No	年月日	区　間	距離km	時　間	km/h
1	2021.12.07	久留米市～みやき町西島	8.78	2h07m	4.1
2	2021.12.08	みやき町西島～小城市・牛津	30.40	9h19m	3.6
3	2021.12.09	小城市・牛津～永尾駅	25.43	10h05m	3.0
4	2021.12.10	永尾駅～早岐駅	25.12	9h27m	2.7
5	2021.12.11	早岐駅～佐世保市	10.09	7h05m	3.0
6	2021.12.12	神崎鼻～佐世保市	31.46	11h40m	3.1
計		**久留米市～神崎鼻**	**131.28**	**49h43m**	

⑤．関西、九州北部（神戸駅～下関、門司～水城駅）

No	年月日	区　間	距離 km	時　間	km/h
Ⅰ		**神戸駅～大野浦駅**	**345.52**	**88h39m**	
1	2014.11.13	神戸駅～明石市	22.94	6h06m	4.2
2	2014.11.14	明石市～姫路市	37.81	9h50m	4.4
3	2014.11.15	姫路市～赤穂市	37.55	10h08m	4.3
4	2014.11.16	赤穂市～岡山駅	50.70	12h20m	4.4
5	2014.11.17	岡山駅～新倉敷駅	28.05	6h45m	4.7
6	2014.11.18	新倉敷駅～福山市	35.05	9h05m	4.3
7	2014.11.19	福山市～三原市	34.05	8h15m	4.3
8	2014.11.20	三原市～東広島市	38.56	10h25m	4.1
9	2014.11.21	東広島市～西広島駅	38.21	10h15m	4.2
10	2014.11.22	西広島駅～大野浦駅	22.60	5h30m	4.5
Ⅱ		**大野浦駅～下関（門司海峡）**	**186.80**	**43h52m**	
11	2015.03.11	大野浦駅～那珂駅	37.93	8h00m	4.9
12	2015.03.12	那珂駅～新南陽	36.49	8h34m	4.4
13	2015.03.13	新南陽～新山口駅	42.60	10h29m	4.3
14	2015.03.14	新山口駅～長府駅	52.66	12h46m	4.4
15	2015.03.15	長府駅～関門海峡	17.12	4h03m	4.2
Ⅲ		**門司海峡～水城駅**	**98.42**	**26h07m**	
15	2015.03.15	関門海峡～門司港駅	8.94	2h10m	4.5
16	2015.03.16	門司港駅～海老津駅	34.67	9h35m	4.0
17	2015.03.17	海老津駅～博多駅	41.30	10h50m	4.2
18	2015.03.18	博多駅～水城駅	13.51	3h32m	4.3
計		**神戸駅～水城駅**	**630.74**	**158h38m**	

※神戸駅～下関　532.32km　神戸駅～水城駅　630.74km

＊ No15長府駅～門司海峡、門司海峡～門司港駅は同日

⑥．九州縦断（水城駅～鹿児島港）

No	年月日	区　間	距離 km	時　間	km/h
1	2016.03.11	水城駅～鳥栖駅	22.58	5h25m	4.3
2	2016.03.12	鳥栖駅～大牟田市	44.58	12h00m	4.1
3	2016.03.13	大牟田市～熊本市	50.00	13h00m	4.0
4	2016.03.14	熊本市～八代市	39.10	13h40m	3.3
5	2016.03.15	八代市～海浦駅	27.17	11h37m	3.1
6	2016.03.16	海浦駅～米ノ津駅	37.90	11h00m	3.8
7	2016.03.07	米ノ津駅～薩摩高城駅	35.50	10h13m	3.9
8	2016.03.18	薩摩高城駅～市来駅	31.76	9h01m	3.7
9	2016.03.19	市来駅～鹿児島港	39.08	10h30m	4.0
計		**水城駅～鹿児島港**	**327.67**	**96h26m**	

④. 東海道・関西（東京都〜京都、大阪、神戸駅）

No	年月日	区　間	距離 km	時　間	km/h
Ⅰ		**東京（五反田）〜芦ノ湖**	**100.13**	**25h15m**	
1	2012.01.15	五反田〜戸塚駅	35.39	9h00m	4.5
2	2012.01.16	戸塚駅〜小田原駅	43.45	10h28m	4.6
3	2012.01.17	小田原駅〜芦ノ湖	21.29	5h47m	4.3
Ⅱ		**芦ノ湖〜焼津**	**99.09**	**24h25m**	
4	2013.01.26	芦ノ湖〜沼津駅	25.76	6h10m	4.7
5	2013.01.27	沼津駅〜清水駅	45.32	11h15m	4.3
6	2013.01.28	焼津〜清水駅	28.01	7h00m	4.3
Ⅲ		**焼津〜豊橋（船町駅）**	**108.14**	**27h57m**	
7	2013.03.11	焼津〜愛野駅	41.15	10h12m	4.4
8	2013.03.12	愛野駅〜新居町駅	41.23	10h26m	4.2
9	2013.03.13	新居町駅〜船町駅	25.76	7h19m	3.8
Ⅳ		**豊橋〜亀山**	**131.74**	**31h41m**	
10	2014.02.20	船町駅〜東岡崎市	32.33	7h34m	4.8
11	2014.02.21	東岡崎市〜名古屋駅	40.14	10h20m	4.3
12	2014.02.22	名古屋駅〜四日市	35.89	8h50m	4.3
13	2014.02.23	四日市〜亀山	23.38	4h57m	4.9
Ⅴ		**亀山〜神戸駅**	**161.87**	**42h29m**	
14	2014.03.16	亀山〜水口	33.70	8h07m	4.7
15	2014.03 17	水口〜三条大橋	45.91	11h17m	4.4
16	2014.03.17	三条大橋〜京都駅	3.57	1h23m	—
17	2014.03.18	京都駅〜大阪淡路	45.85	11h19m	4.3
18	2014.03.19	大阪淡路〜元町駅	31.14	9h58m	3.7
19	2014.03.20	元町駅〜JR 神戸駅	1.70	0h25m	4.1
計		**五反田〜神戸駅**	**600.97**	**151h47m**	

※日本橋〜京都・三条大橋　531.71km　　※五反田〜大阪　568.13km

②. 東北北部（青森市－仙台市）

No	年月日	区　間	距離 km	時　間	km/h
Ⅰ	**2009.01.08**	**仙台市（自宅）～古川駅**	**45.07**	**10h15m**	**4.7**
Ⅱ	**2009.11.05**	**古川駅～一ノ関駅**	**48.26**	**11h35m**	**4.5**
Ⅲ		**一ノ関駅～花巻駅**	**59.01**	**16h55m**	
3	2010.09.14	一ノ関駅～金ケ崎駅	35.73	9h40m	4.1
4	2010.09.15	金ケ崎駅～花巻駅	23.28	7h15m	3.5
Ⅳ		**花巻駅～いわて沼宮内駅**	**73.01**	**18h15m**	
5	2010.11.04	花巻駅～盛岡駅	41.31	10h40m	4.5
6	2010.11.05	盛岡駅～いわて沼宮内駅	31.70	7h35m	4.4
Ⅴ		**いわて沼宮内駅～陸奥市川駅**	**95.92**	**24h48m**	
7	2011.05.17	いわて沼宮内駅～一戸駅	33.60	9h43m	4.6
8	2011.05.18	一戸駅～北高岩駅	45.95	11h20m	4.5
9	2011.05.19	北高岩駅～陸奥市川駅	16.37	3h45m	4.4
Ⅵ		**陸奥市川駅～青森駅**	**101.83**	**23h57m**	
10	2011.07.02	陸奥市川駅～三沢市	21.72	5h36m	4.6
11	2011.07.03	三沢市～小湊駅	52.31	11h36m	4.5
12	2011.07.04	小湊駅～青森駅	27.80	6h45m	4.4
計		**仙台市（自宅）～青森駅**	**423.10**	**105h45m**	

③. 東北南部～関東（仙台市～東京都）

No	年月日	区　間	距離 km	時　間	km/h
Ⅰ	**2007.11.23**	**仙台市（自宅）～船岡駅**	**28.00**	**6h30m**	**4.3**
Ⅱ		**船岡駅～本宮駅**	**88.54**	**19h00m**	**4.6**
2	2007.12.14	船岡駅～福島駅	54.00	10h30m	5.1
3	2007.12.15	福島駅～本宮駅	34.54	8h30m	4.1
Ⅲ		**本宮駅～白河駅**	**53.30**	**12h49m**	
4	2008.04.12	本宮駅～須賀川	25.90	5h49m	4.5
5	2008.04.13	須賀川～白河駅	27.40	7h00m	4.1
Ⅳ		**白河駅～氏家駅**	**67.21**	**18h46m**	
6	2008.11.02	白河駅～大田原市	40.90	10h36m	3.9
7	2008.11.03	大田原市～氏家駅	26.31	8h10m	3.2
Ⅴ		**氏家駅～野木駅**	**65.66**	**16h49m**	
8	2008.12.15	氏家駅～上三川町	31.04	7h11m	4.7
9	2008.12.16	上三川町～野木駅	34.62	9h38m	3.9
Ⅵ		**野木駅～東京（日本橋）**	**70.97**	**19h20m**	
10	2009.02.13	野木駅～春日部	34.25	8h45m	4.4
11	2009.02.14	春日部～日本橋	36.72	10h35m	4.0
計		**仙台市（自宅）～東京都**	**373.68**	**93h14m**	

※日本橋～五反田　13km

■ GPSによる徒歩の記録

◆私なりの日本列島縦断・GPSの記録一覧

距離はその日一日に歩いた総計、**時間**は歩き始めてから休憩も含む一日の行動終了までの時間

時速［km/h］は移動中の平均値（*休憩中は含まない）

①．北海道（網走市－函館市）

No	年月日	区　間	距離 km	時　間	km/h
Ⅰ		**網走～留辺蘂＊札幌**	**94.48**	**20h44m**	
1	2013.08.26	北見市～美幌町	21.95	5h19m	4.4
2	2013.08.28	あいの里～札幌駅	17.43	4h02m	4.4
3	2013.09.27	美幌町～網走駅	28.70	5h55m	4.8
4	2013.09.30	北見市～留辺蘂駅	26.40	5h28m	4.5
Ⅱ		**函館駅～長万部駅**	**109.01**	**25h04m**	
5	2014.09.24	函館駅～大中山駅	11.18	2h22m	5.1
6	2014.09.25	大中山駅～森駅	33.21	7h52m	4.6
7	2014.09.26	森駅～山崎駅	41.24	9h30m	4.5
8	2014.09.27	山崎駅～長万部駅	23.38	5h20m	4.6
Ⅲ		**長万部駅～札幌駅**	**217.75**	**53h32m**	
9	2015.05.11	長万部駅～静狩駅	13.71	2h33m	4.3
10	2015.12.12	静狩駅～伊達紋別市	49.83	11h38m	4.3
11	2015.05.13	伊達紋別市～登別駅	44.29	11h18m	4.1
12	2015.05.14	登別駅～苫小牧市	42.87	11h11m	4.0
13	2015.05.15	苫小牧市～恵庭駅	37.00	8h57m	4.0
14	2015.05.20	恵庭駅～札幌駅	30.05	7h55m	4.0
Ⅳ		**あいの里～新旭川駅**	**147.84**	**39h54m**	
15	2016.05.16	あいの里～岩見沢駅	39.02	10h30m	3.9
16	2016.05.18	岩見沢駅～滝川駅	46.85	11h48m	4.2
17	2016.05.19	滝川駅～納内駅	34.40	10h00m	3.6
18	2016.05.20	納内駅～新旭川駅	27.57	7h36m	3.9
Ⅴ		**新旭川駅～留辺蘂駅**	**157.49**	**43h04m**	
19	2016.07.14	新旭川駅～中愛別駅	30.65	7h49m	4.1
20	2016.07.15	中愛別駅～北見峠手前	33.43	9h47m	4.0
21	2016.07.16	北見峠手前～丸瀬布	40.12	11h30m	4.5
22	2016.07.17	丸瀬布～生田原	31.10	7h20m	4.0
23	2016.07.18	生田原～留辺蘂駅	22.19	6h38m	3.8
計		**網走市～函館市**	**726.57**	**182.18m**	

※青函連絡船……函館港（函館駅）～青森港（青森駅）　113.0km

◆番外編　プラスαの旅⑤の中標津～納沙布岬に備え、
仙台～松島をトレーニングを兼ねて歩いた記録

2022.03.31　仙台駅～松島・壮観　29.0km　8h40m　3.8km/h

資料編

著者略歴

松木　崇（まつき　たかし）

1944年　北海道紋別郡遠軽町生まれ
1963年　北海道立北見柏陽高等学校卒業
1967年　東北大学卒業、同年高等学校に理科教諭として勤務
2005年　高等学校教諭退職
高等学校教諭退職後、専門学校に３年間非常勤講師として勤務
日本アマチュア無線振興会協会養成課程嘱託講師（７年間）
趣味：登山、旅行、無線
第一級アマチュア無線技士

カバー・表紙・扉デザイン／クリエイティブ・コンセプト 江森恵子

列島縦断&本土四極踏破（れつとうじゅうだん ほんどよんきょくとうは）　63歳（さい）からの歩（ある）き旅（たび）
自宅（じたく）と繋（つな）がるGPS 4000 kmの軌跡（きせき）

2023年１月18日　発行　初版　第１刷発行

著　者　松　木　　崇
発行者　面　屋　　洋
発行所　清　風　堂　書　店
〒530-0057　大阪市北区曽根崎 2-11-16
TEL　06（6313）1390
FAX　06（6314）1600
振 替　00920-6-119910

制作編集担当　長谷川桃子

印刷・製本／尼崎印刷株式会社
ISBN 978-4-86709-022-0　C0095